他人の心がカンタンにわかる!

植木理恵の行動心理学入門

臨床心理士 植木理恵 監修

宝島SUGOI文庫

宝島社

言葉・しぐさ・行動から人間を読み解く！

はじめに

他人の心が簡単に読めたなら、とても便利なことでしょう。恋の悩みもなくなるし、ビジネスの交渉も思いのまま。いわゆる「駆け引き」に頭を悩ませる生活とは無縁でいられることでしょう。

もちろん、言葉やしぐさ、行動から他人の心が簡単に読めるなんてことはありえません。それでも少しだけ、他人の心を読み解く手助けをしてくれるツール。それが、「行動心理学」です。

その行動心理学によって、「相手がどういう人なのか」そして「相手に自分がどう思われているのか」を本書はつまびらかにしています。もちろん、すべてのトピックは根拠となるデータに基づいて導かれたものです。実験や観察、測定、統計といった科学的根拠を重視して初めて、他人の心を窺い知ることができるのです。

証拠のない「偏見」は紹介しない。それが、本書のスタンスです。

ウソをついている人は体が不自然に動く、普段よりも筆圧が高くなる、顔の右側と左側で表情が違う——いずれも実証されていることですが、もちろん、例外はあります。ウソをついている人すべてが不自然に体を動かすわけではないし、普段より筆圧が高いわけでも、表情が左右非対称なわけではありません。絶対視せず、あくまでも自分の判断基準の参考に。それが、行動心理学との付き合い方です。

確かに、本書で紹介しているトピックは絶対ではありません。けれど現実の生活において、「その可能性が高い」言葉や行動、しぐさを知るだけでも、大きなアドバンテージになることは言うまでもありません。相手の言葉を額面通りに受け取っているだけでは、悲しいことではあるけれど、すぐに出し抜かれてしまいます。

また、複雑化し続ける現代社会では、無限大に得られる情報から何を取捨選択し、いかに吟味するかも重要なファクターです。「相手の何を見るべきか」を知ることは、相手の本質を見抜く第一歩だと言えるでしょう。

本書が、あなたのコミュニケーションを円滑にし、人生を豊かにする一助となれば幸いです。

『植木理恵の行動心理学入門』編集部

行動心理学とは、
人を読み解く〝仮説〟です。

行動心理学は、
個人の事情を考慮しない
非常に〝クール〟な学問。
だからこそ誰でも
利用することができる。

行動心理学は〝科学的〟な心理学

みなさんは、「行動心理学」というものをご存じでしょうか？

一般的に、「心理学の父」と呼ばれているのは、有名なジークムント・フロイトです。また、同じ時期に活躍したカール・ユングも心理学の祖として有名です。けれど彼らが研究したものは、「自我」や「無意識」など、基本的に目に見えないものです。目に見えないこと、観測できないことを研究するのは、厳密には科学ではありません。

これに対して行動心理学を含む近

代の心理学研究は、仮説と実験、その検証に基づいて理論を組み立てていく科学的なものです。何百人、何千人規模のアンケートを行ったり、実験室で被験者の正確な行動パターンを調べたりといった具合です。そうして得た人間の心理的傾向や特徴を、比較したり数値化したりしたんです。つまり、誰の目にもわかるようにしたわけです。

こうして心理学の分野でも科学的なエビデンス（根拠）が重んじられるようになり、行動心理学が確立されました。行動心理学は、先に述べたような多数の人を対象としたアンケートや実験などから、人間一般に対する心理的傾向・特徴を解明しようとする心理学です。

もちろん、個人差を重視する心理学もあります。行動心理学に並ぶ近代心理学のもうひとつの主流、認知心理学では、個人が持っている過去のトラウマや文化的背景、人種による違い、当人が置かれている状況や感情なども含めて、その人の心理を解明しようとします。

けれど、行動心理学の研究対象は、あくまで人間全体に共通するような普遍的な心理です。その意味で行動心理学は非常に〝クールな〟学問とも言えます。個人個人の事情を考慮しないわけですから、冷淡な印象さえあるかもしれません。では、行動心理学を応用すれば、本当に人の心理傾向を読み解けるものなのでしょうか？

「左右非対称の表情をしている人は、ウソをついている」、「洋梨体型の人は依存的性格で、逆三角体型の人は支配的性格の傾向が強い」などですね。このような「○○な人は××」タイプの様々な公式は、多人数のサンプル実験をもとにして得られたものです。したがって、ひとりや2人くらいの少人数が相手だと、行動心理学ではカバーしきれない個人差―文化的背景や過去の経験など―による誤差の方が目立ってしまうでしょう。その代わり就職の面接試験や飲食店の接客など、何十人、何百人もの人を相手にする仕事では大いに役立つはずです。サンプル人数が多くなれば多くなるほど、「○○な人は××」といった様々な公式が当てはまることも増えるはずです。

行動心理学は大人数の心理を読み解こうとする際に効果を発揮するのですが、読み解きたい相手がひとりしかいない場合でも、〝仮説〟として使えばいいのです。

たとえば初対面のAさんが、口にペンをくわえていたとしましょう。本当は、ただ両手がふさがっていたから口にくわえただけかもしれませんが、「ペンを噛むくせがある人は悲観主義者」という公式を当てはめ、まずは「Aさんは悲観的なタイプ」と仮定してみるんです。

その後、Aさんの言動を詳しく観察してみて、実際に悲観的であればその仮説は正しかったということになりますし、必ずしも悲観的とは言えないのであれば、また別の公式から仮説を立ててみればいいんです。重要なのは、観察の軸を設定することです。

自分の中でひとつの仮説を設けて観察すれば、その手間も省けます。行動心理学は、その仮説を豊富に用意してくれているんですよ。

「アメとムチの法則」で彼氏がマメな男になる!?

では、行動心理学を使って、他者の心理や行動を操ることもできるのでしょうか?

行動心理学の理念に基づけば、答えはイエスですね。行動心理学の基本的な考え方に、SR理論というものがあります。Sは刺激(stimulus)、Rは反応(response)のことで、「人間とは、Aの刺激を与えたら、Bの反応が返ってくるものだ」という枠組みで人々をとらえるんです。

逆に考えれば、Bの反応を得るた

めにはAの刺激を与えればいいということになります。いくつか公式を挙げてみると、「相手を説得したいときは、食事中に話しかければいい」、「相手からの好感度を高めたければ、相手に似せた外見をよそおう」、「本音を引き出したければ、『ということは？』と切り出す」……などがありますね。

「これこれの刺激を与えれば、絶対にこの反応が返ってくる」とは言い切れません。ただし、うまく使えばかなり他人を操れると思います。

中でも「アメとムチの法則」が顕著ですね。よく「彼からメールや電話がこないのが気になってしまう」という女性がいますが、彼女たちは特に何でもないときに自分から電話やメールをして、彼氏を気にかけているんです。彼氏側にしてみれば、何もせずともかまってもらえるわけですから、自分から連絡を取ろうとはしません。それに、たまに自分から連絡を入れると「どうして電話してくれないの！」と怒られるわけですから、ますます自分から連絡することはなくなります。

マメに連絡をくれる彼氏になってほしいのであれば、用事がないときにはこちらから電話をしないこと、そして彼氏から電話があったら大げさなくらいに喜んであげることが大

**他者を読み解く
足掛かりとして、
他者のコントロールから
身を守る手段として、
行動心理学を
活用してください。**

事です。アメをあげるタイミングを見極めるだけで、かなり相手をコントロールできます。

　また、一度「アメとムチ」にならしたうえで、そのパターンを崩すと、相手は「アメ」を取り戻そうとすることがわかっています。これは「間欠強化」と呼ばれるもので、新興宗教などでよく見られる手口でもあります。信者からのお布施に対して、最初のうちは、教団側は大げさに喜んでくれます。しかし、あるときからお布施をしてもお褒めの言葉がもらえなくなったり、逆に厳しい叱責を受けたりします。すると、信者は「アメ」を取り戻そうとしてさらにお布施をするようになるんです。けれど、心理操作のテクニックを知っていれば、このような事態は防げるかもしれません。知っているか知らないかは大きな違いですから。

道具のような便利さが行動心理学を学ぶメリット

「植木先生ご自身も、心理操作のテクニックを使ったりしますか?」というご質問をよくいただきますが、私はよく使用しすぎて、逆に「何でもかんでも心理学に結びつけるな!」と怒られてしまうほどです(笑)。ただ心理カウンセリングの仕事で、スティンザー効果はよく使っています。これは2者の座り位置によって意見の説得力が変化するというものです。真正面に座る相手とは敵対しやすいのですが、横並びで座る相手とは同調しやすい傾向があります。

カウンセリングの際は、患者さんと敵対してもいけませんし、話に同調しすぎても解決策が出ないまま診断が終わってしまいます。ですから、相手に対して90度の角度―ちょうど黒柳徹子さんの『徹子の部屋』の位置関係を心がけていますね。逆に、キャッチセールスなどのしつこい勧誘を断る際は、相手と真正面で向き合うとハッキリ断りやすくなれるんですよ。

これは合コンや会議など、日常生活でも使えそうなテクニックです。先に述べたように、行動心理学は人間全般を扱う〝クールな〟学問です。けれどその分、誰にでも扱える道具のような便利さもあります。すでに多くの研究者が様々な理論や公式を準備してくれていますから、他者を読み解く足掛かりとして、あるいは他者のコントロールから身を守る手段として活用してみてください。

Contents

CHAPTER 2 相手の心理を見抜く 105

CHAPTER 3 相手の心理を操る 171

お悩み相談室

CHAPTER 1
相手の心理を
読み解く

相手が何を考えているのかピンポイントで「読み解く」

何気ない言葉
◎質問に対し「ふつう」と答える人
→自分に自信がない？
◎ぶっちゃけて話す女性
→触ってほしいと思っている？
etc.

明確な意志を持って口に出された言葉とは裏腹に、何気ない言葉やささいなしぐさ、ふとした行動にこそ、相手の本心は表れるものです。

ワイドショーなどで、凶悪犯の近所の人々が「まさか、あんないい人がそんなことをするなんて」と証言するのを見たことはないでしょうか。その凶悪犯の近隣住民への接し方を額面通りに受け取ってしまえば、確かに彼（あるいは彼女）は「いい人」だったのかもしれません。けれども、ほとんどの人が「いい人」な一面を持っていると同時に、そうでない一面、あるいは人に

ふとした行動

◎鉛筆を噛む人
→悲観主義者?
◎露出度の高い服を着る女性
→プライドが高い?
etc.

ささいなしぐさ

◎足をクロスさせる女性
→ドM気質?
◎相槌を頻繁に打つ人
→会話をリードしている?
etc.

は見せない一面を持っているものです。

その時々の本心だけでなく、その人が普段は相手に見せない一面もまた、言葉やしぐさ、行動に表れるものです。この章では、相手のそのような本心や本質を見抜くためのポイントを紹介していきます。もちろんいずれも、研究者による実験や調査によって裏付けられたものばかり。出会ったばかりであればあるほど、相手のことを理解するのに役立つはずです。

小心者も悲観主義者も、うっかり屋さん、決断力のある人、高慢ちき、お人よし、ドM、ナルシスト、心が折れやすい人、床上手、四角四面の人、人望のない人も、この世の中には無数に存在します。もちろん、ほとんどの場合、それは個性にすぎません。だから善人というわけでも、悪人というわけでもありません。けれども、そういう本性を知っていれば、自ずと付き合い方もわかるというもの。己を知り、また相手を知れば百戦して危うからず、です。初めから「そういう人だ」とわかってさえいれば、不思議と腹が立つこともありません。

ウソをついていたり、スキンシップを求めていたり、自信がなかったりといった相手の本心までわかる言葉・しぐさ・行動のポイントを、次のページから見ていきましょう。

ウソをついている人は手と足を見ればわかる！

手術シーンのある映画を見た後の感想・・・
モゾ
モゾ
身体
すごく楽しい映画でした
顔
気持ち悪かった…
本心
ウソ
ウソを見抜くには身体に着目せよ！
足の動きと心理状況
直立不動の閉脚
両足平行開脚
つま先が逆向き
足組み
ビシッ
どしーん
このんの話つまらないわ〜
"従順"
"男らしさ"
"退屈"
"不安"

体は口ほどにものを言う!? ウソを見抜くなら体に注目

普段の人付き合いの中で相手の本心、つまり会話内容にウソがないかどうかは、やはり気になってしまうものです。ウソを見抜く手っ取り早い方法は、会話の事実関係が正しいかどうかを確認することです。しかし言葉というものは、表面上はいくらでも取り繕えるものですから、いちいち内容を確認して、矛盾点などを指摘していられません。

そこで注目したいのが、相手の体の動きです。身振り手振りや視線の動き、顔の表情など言葉そのもの以外の要素によるコミュニケーションを、**非言語コミュニケーション**(①)と称します。

非言語コミュニケーションは、当人の本心が表れやすいと言います。このことを証明したのは、心理学者の**エクマン**(②)でした。彼は実験で、看護学生に楽しい映画と、手術を記録した医療用映画を見せて感想をインタビューしました。このとき、手術の映画については「楽しかった」とウソの感想を述べさせ、その顔と体の動きとを別々の映像に記録しました。

その後、ほかの人々にインタビュー映像を見せたところ、体の動きを映した映像を見た人の方が、学生たちのウソの感想を見抜いた

---

①非言語コミュニケーション
身振りや顔の表情、姿勢といった言葉によらない意思伝達のこと。服装や髪形などもこれに含まれる。普段意識されることは少ないが、ほとんどの人は非言語コミュニケーションを会話中に取り入れており、またそれを読み取っている。

②ポール・エクマン
ポール・エクマン（1934年〜）。エックマンとも。アメリカの心理学者であり、表情と感情についての研究で有名。人間が持つ表情が、それぞれの文化に依存するものではなく、人類全体に共通した普遍的なも

のです。この結果から、ウソを見抜くには身体動作に注目するとよいということがわかりました。人はウソをつくとき、表情のコントロールばかりに意識を集中し、体への注意がおろそかになるのです。

足を見ればその人の心理状態がわかる！

身体動作の中でも、とくに足の動きに注目するとよいでしょう。足は、その時々の心理状態が表れやすいという研究報告があります。たとえば、足組みをしていると、その人は不安を抱いていることが多いと言います。

また、つま先の方向は好意や関心を示します。つまり、相手のつま先が逆を向いていると、その人は退屈している、またはこちらに関心がないことを表しています。さらに、両足を広げてどーんと踏ん張っている姿勢だと〝男らしさ〟を誇示し、逆に直立不動で足を閉じている場合は〝従順さ〟を示すと言われます。

ウソの話に戻りますが、もちろん体だけでなく表情にも注目すれば、より相手のウソを見抜きやすくなります。心理学者のハッカイムは6つの**基本感情（③）**を演じた写真を左右に切り分けて反転・合成し、右側（向かって左側）だけの顔写真、左側だけの顔写真を

のであることを証明した。アメリカのクリントン大統領が自身のスキャンダルについて会見した際、彼が回りくどい言い方をしたことから、ウソをついているのではないかと指摘したこともある。アメリカ心理学会が選出した「20世紀の偉大な心理学者」のひとりであり、2009年にはタイム誌が選ぶ「世界でもっとも影響力のある100人」にも選ばれている。

③基本感情
表情と感情の研究を通じてエクマンが分類した人間の基本的な6つの感情。喜び、悲しみ、怒り、驚き、嫌悪、恐怖がある。

作りました。これを人々に見せたところ、左側の顔写真の方が、感情が強く表れていると多数の人が指摘しました。

この表情は故意に演じられたものですから、作った表情は顔の左側に出やすいということになります。女性にプレゼントをあげて、「ありがとう！」と応じられても、顔の右側だけ笑顔の表情が強いのであれば、本心ではあまり喜んでいない可能性があるわけです。そうではなく、顔全体が自然な左右対称の笑顔になっていれば、心から喜んでいると考えていいでしょう。

ここまでは体の動きや表情などからウソを読み取る方法を述べてきましたが、もっと意外なところからもウソを読み取ることができます。

それはズバリ、**筆跡（④）**です。イスラエルのハイファ大学の研究チームは、34人の被験者たちに2つの質問をして、電子ペンで回答してもらいました。そして1問目には真実を、2問目にはウソを記入してもらったところ、ウソを書いてもらった際には筆圧が高くなり、文字と文字の間隔がより大きくなることがわかったのです。

実用的なウソ判別方法ではないかもしれませんが、重要事項については、ノートとペンで文字に書き起こしてもらうといいかもしれませんね。

④筆跡
筆やペンなどで書かれた文字の跡のこと。字の形や書き順、止め・はねのくせなど、性格と同様に筆跡にも個性が表れる。そのため、筆跡の同一性を調べることで、ある文書が本人によって書かれたものかどうかを判別することができる。

意志薄弱で飽きっぽい人は犯罪を起こしやすい

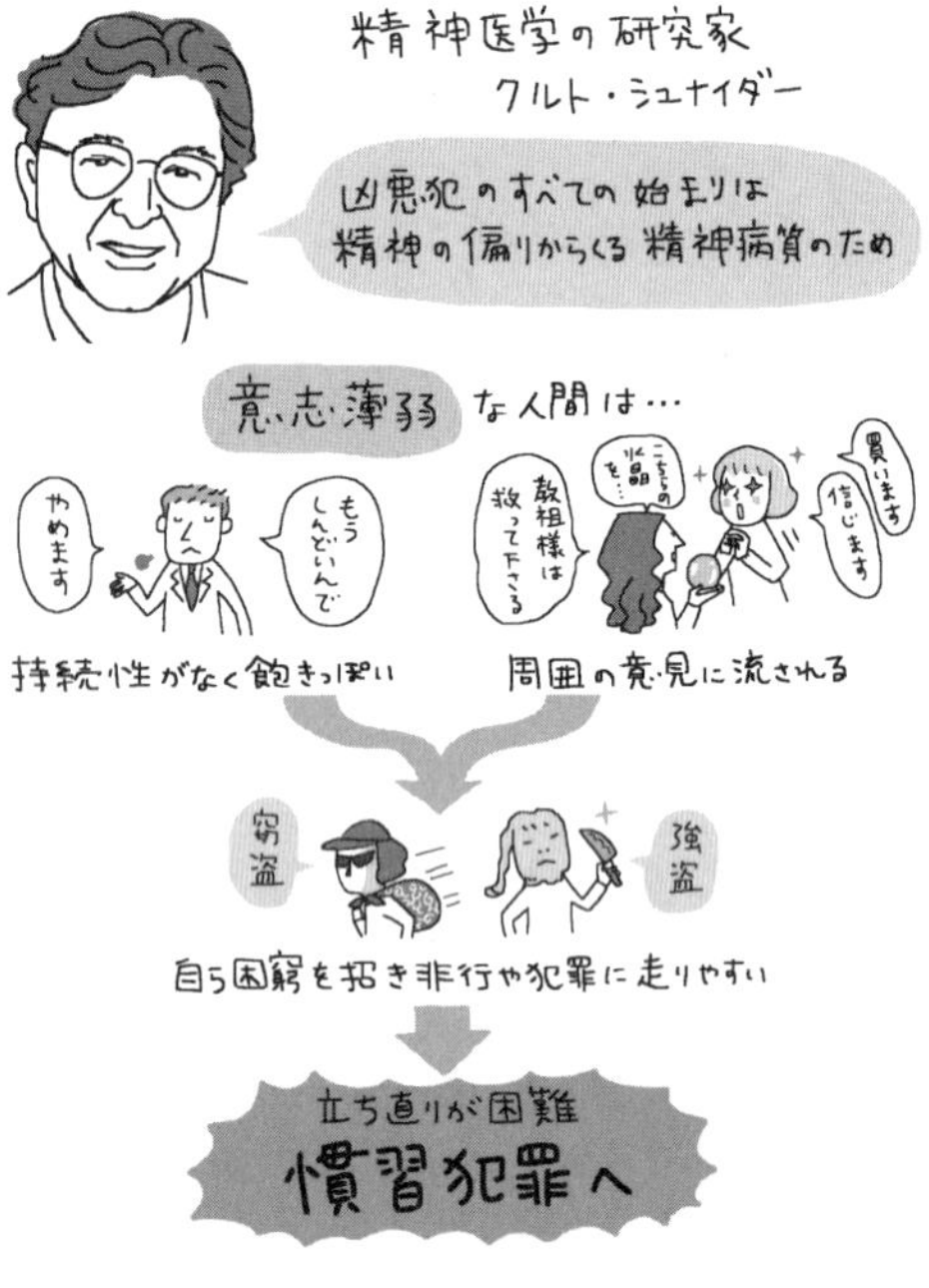
精神医学の研究家
クルト・シュナイダー
凶悪犯のすべての始まりは
精神の偏りからくる精神病質のため
意志薄弱な人間は…
やめます
もうしんどいんで
持続性がなく飽きっぽい
教祖様は救って下さる
こちらの水晶を…
買います
信じます
周囲の意見に流される
窃盗
強盗
自ら困窮を招き非行や犯罪に走りやすい
立ち直りが困難
慣習犯罪へ

性格の極端な偏りが凶悪事件の引き金に！

自分の意志・意欲が薄く、ヤル気が感じられない。

仕事や趣味など何事につけても飽きやすく、ひとつのことを長く続けられない……。

あなたの周囲にも、こういった性格の人はいるのではないでしょうか？　ひょっとすると、その人はあなたが考えているより、〝とんでもない〟人物かもしれません。

話は変わりますが、性格に極端すぎるほどの偏りがある人を異常性格者と呼びます。この性格の偏りによって本人や社会（周囲の人々など）を悩ませるような人々のことを、ドイツの精神科医・**シュナイダー**（①）は「**精神病質**（②）者」と定義しました（ただし、現在では**パーソナリティ障害**（③）と言われることが多い）。

シュナイダーによれば、精神病質者はいわゆる精神病とは区別されます。しかしこのような性格の偏りは種々の犯罪の原因になりうるものであり、彼はその類型を10のタイプに分類しました。たとえば自分自身や他者が感じる痛みや悲しみに対して無関心で、同情心や良心が希薄な「情性欠如者」、ウソをついてまで目立とうとする「自己顕示者」といった具合です。

---

①シュナイダー
本名はクルト・シュナイダー（1887～1967年）。ドイツのクライスハイム出身。戦前におけるドイツの精神医学者であり、特に統合失調症の研究で知られている。精神病質の分類については、現在ではより詳細な分類方法が取られているが、彼の提唱した10分類は理解の容易さから今でも用いられることがある。

②精神病質
シュナイダーによれば、「異常な性格の偏りのために、自分自身もしくは社会が悩まされること」である。ただし、現在では犯罪心理学などの発展によりさらに

しかし、中でももっとも犯罪の原因となりやすいのが、前述したような飽きっぽくて、意志・意欲に乏しい「意志欠如者」なのです。彼らは自分のやりたいことや進むべき道を見出すことができないため、自己主張することもあまりありません。

したがって、一見すると従順なタイプに見えることもあります。また飽きっぽい性格で、意志・意欲が薄弱であるため、地道な努力が苦手です。

ワイドショーなどで凶悪事件が取り上げられる際、容疑者の過去を知る人々が「子どもの頃は大人しい子で、事件なんか起こしそうには見えなかった」「あちこちのバイトを転々としていて、長続きしなかった」などとコメントすることがよくあります。これは、まさに意志欠如者の特徴そのものだと言えるでしょう。

また、意志欠如者には〝自分〟というものが乏しいため、周囲の影響を受けやすいという特徴もあります。そのため、親から虐待を受けて育てば、やがて自身も虐待をするようになったり、「みんなもやっているから」という考えで売春を行ったりといった事例が多く見られます。

両親の離婚やリストラなどがきっかけとなって犯罪に走ることも多く、「就職活動に失敗して、むしゃくしゃしてやった」といった

詳細な定義が設けられている。「良心の異常な欠如」「他者に対する共感性の欠如」「自己中心性と過大な自尊心」などがその特徴として挙げられており、サイコパスと称されることも多い。研究によれば、連続殺人犯や窃盗や万引き、放火の常習犯、児童虐待者などが精神病質の定義に当てはまることが多いとされている。

③パーソナリティ障害 個人が持っている考え方や行動様式が、社会と不適合を起こすほどに先鋭化し、それによって本人が苦痛を感じている状態のこと。人間関係に摩擦を生じるほど自意識過剰だった

稚拙な犯罪動機も少なくありません。

意志欠如者も環境によって犯罪傾向が減少する

程度の差はあれ、こういった意志欠如者的な性格を持つ人はどこにでもいます。では、実際に意志欠如者と付き合う場合、どのように振る舞うべきでしょうか？

人の性格は様々な要素が複雑にからんでいるため、必ずしも一概には言えませんが、彼らの気質を非難したりせず、大らかな態度で接するのが望ましいかもしれません。

意志欠如者は環境に影響を受けやすい性格ですから、周囲の人々が彼らの考えや境遇に理解を示し、ともに歩んでいく姿勢を見せれば、彼らも同じような態度を示す可能性があります。事実、意志欠如者の犯罪者は、服役中はきちんと反省の態度を示し、刑務所内でも模範囚として過ごすことが多いそうです。

これはつまり、意志欠如者であっても、犯罪や悪意と無縁の環境下にいれば事件を起こさないということではないでしょうか。無気力・飽きっぽいという性格は、確かに犯罪の原因になりえますが、だからといって必ず犯罪者になるわけではありません。

り、ひとりで何も決められないほど他者に依存したりしているような例が、パーソナリティ障害とされている。病気ではなく単なる障害であるが、それゆえにどのように〝治療〟するべきなのか研究が続けられている。

ペンや鉛筆を噛む人には悲観主義者が多い

英国エクセター大学・ポール・クライン博士によると…
大丈夫大丈夫
ケガしなくてよかったーアハハハハ
もう本当スイマセンゴメンなさい
どうしようゴメンなさい
楽観的な人
悲観的な人
ボールペン噛まない
ボールペン噛む
不安を鎮めようと噛んで落ちつこうとしている
落ち着け
落ち着け
タバコのフィルター部分を噛みつぶす人も悲観主義者が多い

不幸を呼ぶ体質!?　ボロボロのペンに要注意！

あなたが会社に勤めているのであれば、同僚の机のペン立てに注目してみてください。

もし、そこにあるペンや鉛筆のお尻の部分がガサガサにささくれ立っていたり、ボロボロになっていたりするのであれば、その人は悲観的な考えの持ち主かもしれません。

イギリスにあるエクセター大学の心理学者、**ポール・クライン**（①）博士は600人以上の学生を対象とした調査を行いました。調査では、各学生にペンや鉛筆を噛むくせがあるかどうかを調べると同時に、その人の性格分析テストを行って**悲観主義**（②）的な傾向を得点化しました。その結果、ペンを噛むくせのある人は、そうでない人に比べて、悲観主義の得点が2倍以上も高くなっていることがわかったのです。またペンだけではなく、タバコのフィルター部分を噛む人も、同じく悲観主義的な傾向が強いそうです。

つまり、ペンや鉛筆、タバコのフィルターを噛む人は悲観主義者である傾向が強いと言えます。

仕事を任されても「僕にできるはずがない……」なんて思い悩んだり、友人に恋人ができても「私にはあんなカッコいい彼氏は一生

---

①ポール・クライン
1937〜1999年。イギリス出身の心理学者でエクセター大学に所属していた。個人のパーソナリティにおける統計分析の研究を行う。また、フロイトの精神分析理論の研究も行い、自身の著書の中でフロイト主義理論の客観的証拠についても調査している。

②悲観主義
ペシミズムともいう。本来は哲学用語であり、世界を悪意と悲しみに満ちたものだと見なす考え方。しばしばうつ状態をともなうこともあるが、現代の日常生活においては、そこまで徹底した〝暗い〟考え方とは見なされてお

できないんだわ」などと落ち込んだりするなど、何かにつけて不安になったり気分が沈んだりしてしまうタイプと言えるでしょう。ではなぜ悲観主義者が、ペンを噛むのでしょうか？

爪を噛む人もネガティブ体質！　おしゃぶりと同じ効果あり

そもそも、物を口に含むという行為には、その人の不安感や焦燥感を落ち着けさせる作用があると考えられます。

象徴的なものは、赤ちゃんのおしゃぶりです。おしゃぶりは、乳児が口に含んでもっとも安心するもの、すなわち母親の乳首を模しています。たとえ母親がそばにいなくとも、おしゃぶりをすることで母親からおっぱいをもらっているという安心感を得るわけです（ちなみに、おしゃぶりは英語でｐａｃｉｆｉｅｒ＝「落ち着かせるもの」）。

そう考えるとペンを噛むという行為は、〝不安を和らげたい〟、〝心を落ち着かせたい〟という欲求から、無意識に表れたものだと考えられるかもしれません。

「何を大げさな」と笑うかもしれませんが、口とは、人が最初に獲得する生存のための重要器官です。乳児は声を上げて泣くことで自

らず、せいぜい「ネガティブ思考」といった程度に見なされることがほとんど。似た言葉として虚無主義（ニヒリズム）があるが、これは「世界には本質的な価値や真理など存在しない」とする見方であり、悲観主義とは微妙に異なる。

③口唇期

フロイトが考えた、性的発達段階のうちのひとつで、授乳などを通じて口から快感を得る時期。フロイトによれば、口唇期を含めて人間の性的発達は以下の5段階に分けられる。①口唇期、②肛門期（トイレトレーニングなどを通じて肛門領域から快感を得る）、③エデ

分の危険や空腹を訴え、口に乳首やおしゃぶりを含むことで安心感を得ます。心理学者のフロイトは、このような〝口が生存や快楽の源となる期間〟を「**口唇期**（③）」と名付けているほどです。

またペンと同じように、爪を噛むくせがある人も、無意識のうちに不安や焦りを落ち着かせようとしているそうです。やはり口に物を含んだり、噛んだりするという行為は、おしゃぶりと同じような効果があるのでしょう。

もし同僚や友人にペンを噛むくせがあるのであれば、その不安感をあおらないような付き合い方を心がけるといいでしょう。慣れない仕事に戸惑っているようなら、さりげなくフォローを入れてあげましょう。また、恋に悩んでいるようなら親身に話を聞いてあげましょう。そうすれば、あなたは彼／彼女にとってなくてはならない存在となり、その価値がグッと高まるはずです。

逆に、あなたにペンを噛むくせがあるなら？　その場合は、ペンのお尻に大きなキャップやキャラクターの人形などがついたキャップをはめましょう。

そうすれば安易に噛むことも減り、自分自身が無意識のうちにネガティブな感情を抱いていることにも気付くことができます。やがては悲観的な考え方も修正できるかもしれませんよ。

ィプス期（異性の親への関心が高まり、同性の親への敵意が強まる時期）、④潜伏期（小学校～思春期にかけて社会の仕組みや規範を学ぶ時期）、⑤性器期（口唇期～エディプス期の部分的な性衝動が統合された、一般的な性愛の完成）。

女性のぶっちゃけトークは「触ってもOK」のサイン!?

実は △△でー
ぶっちゃけ ○○でー
男性に言語的親密さを示す女性
非言語的(ボディタッチ)親密さも求める
★日本人の場合…
嫌われたくない 拒絶されたら どうしよう
?
自分の内面を露出したくないため 身体的接触をしない

本音を話すかどうかで脈のあり・なしがわかる！

好みの女性と2人きりで食事中。お酒も進み、何となくいい雰囲気。「ひょっとして、今日はいけるかも？」なんて思って肩を抱こうしたら、つれなくかわされて、残ったのはディナーの請求書だけ……。

こんな経験をした人は多いのではないでしょうか。かといって手を出さないでいると、「草食系男子」のレッテルを貼られ、何の進展もないまま関係が終わることも少なくありません。

そんな世の男性たちの助けになりそうな実験結果を、ジェラードという心理学者が報告しています。彼は、フロリダ大学に通う18〜22歳の学生380人を対象にアンケートを行い、両親、親しい同性の友人、親しい異性の友人のそれぞれが、対象者の体にどのくらい接触しているか調査を行いました。

その結果、女性の被験者の**自己開示**（①）量（＝自分の意見をありのままに話す量）が多ければ多いほど、異性の友人に多く触られている傾向があることがわかったのです。

つまり、女性が男性との会話で、「私って本当は……」と心のうちを話すとき、その女性は話し相手の男性に対し、多かれ少なかれ「体に触られてもいい」と考えている、ということになります。

---

①自己開示
自分の意見、態度、関心ごと、趣味など、自分自身に対する情報を他人に言葉で伝える行為のこと。本文中のジェラードにより、初めて体系的な研究が行われた。自己開示は、ストレス発散などの感情の表出、自分の意見や感情がはっきりする自己明確化、他者からの返答を取り入れることで自分自身を安定させる社会妥当化など様々な機能を持っており、個人の精神的な機能を維持する条件のひとつだとされている。一般的に、男性よりも女性の方が、自己開示の量は多い。

もし、あなたに気になる女性がいるとします。彼女の態度がどっちつかずの場合、「上司の○○さん、正直どう思う?」など、本音を聞き出すような話題をさりげなく出すのもひとつの手かもしれません。

「う~ん、どうなんだろう」とお茶を濁したり、「悪い人ではないと思う」と当たり障りのない返事をするようであれば、脈なし。逆に「ぶっちゃけ、私もあの人苦手なんですよ」などと、率直に本音を打ち明けてきたら、脈ありと見てもいいということになります。

しかし、ここで疑問がひとつ。この実験はアメリカの学生を対象に行われたもの。欧米人と比べてシャイだと言われる日本人にも、果たしてその結果は当てはまるのでしょうか。

軽いタッチがOKならその先もOK?

日本とアメリカの学生計240名を対象に、ジェラードの実験とほぼ同じようなアンケート調査を行った学者バーンランドは、日本人の接触行動が、アメリカ人の約半分と少ないことを発表しました。

しかし、幼少期の接触頻度には日米の差が見られないことから、バーンランドは、「日本人の成長過程において、共感性や親密さを

---

②身体接触
心理学では、自分の存在を相手に伝える、もっとも原初的な伝達方法とされている。特に、母親が乳児に対して行う身体接触は、乳児にとっては世界を認識する重要な第一歩である。また、成長後も身体接触は人間関係の中で大きな役割を果たしており、日常生活の中でもしばしば見ることができる。一般的に、男性が女性に対して行うことの方が多く、また、若者よりも老人の方が、すすんで相手に接触することが多い。

③本音と建前
日本人の国民性を端的に表した言葉。社会全体の〝和〟を重視する

表す非言語的なコミュニケーションは簡略化される要因があるのではないか」と述べています。アメリカでは、コミュニケーションの手段として**身体接触**（②）が頻繁に使われるのに対し、日本人はどちらかと言えば、言葉でのコミュニケーションのみが発達する……というわけです。

こうした違いを生んだ背景には、日本人の国民性が大きくかかわっています。日本人は、**本音と建前**（③）を使い分け、自分の内面は見せない傾向にあります。しかし手を握る、肩を抱くといった身体に触れる行為は、言葉と違って意味を曖昧にすることができません。そのため、日本では非言語的な伝達手段は発達しにくかったのではないか、と考えられています。

逆に言えば、日本人にとって身体接触によるコミュニケーションは、使われる頻度が少ない分、欧米よりも強烈なメッセージ性を持っているとも考えられます。特に男女関係の場合、身体接触がOK＝その先――キスやセックスもOKということも十分に考えられるかもしれません。

もちろん、これらの実験結果はあくまで、「触っても大丈夫かも」という目安。しかし、恋愛スキルのひとつとして、心に留めておくのも悪くないはずですよ。

日本では、ひとりの社員としては取引に賛成しておきながら、会社の代表としては取引に反対する、といった事例がよくある。こういった「個人が望んでいる欲求や本心」と、「社会・集団から期待される態度や行動」を使い分けることを指して、「本音と建前」と表現する。

朝型＝うっかり型？
朝型人間はミスが多い

満ち溢れるパワーに任せ猛進する朝型タイプ

人間は大きく**朝型と夜型**（①）に分けることができます。朝の早いうちから目を覚まし、昼前には大かたの仕事を片付けてしまう朝型に対し、目を覚ましてもしばらくは頭がボーッとしたままで、夕暮れ近くになりようやく活動を活発化させ始める夜型。

どちらも自分に合った時間帯を選んでいるだけで、本来両者に優劣はありません。

ただし何となく、朝からキリッとスマートな朝型人間の方が、仕事もできてしっかりしている印象が一般的にはあるようです。しかしそれはむしろ、まったくの誤解。

イタリアの心理学者ルチアノ・メカッチィ博士が、興味深い研究結果を発表しています。彼は３９０名の被験者を対象に、うっかり屋の特徴を調べました。

すると、物を置いた場所や約束を忘れてしまうようなうっかりミスをするのは、朝型生活を送っている人に多いことがわかったのです。

朝型の人がうっかりミスをよくしてしまうのには、理由

朝型タイプ
どこで間違えたんだ?
ま、いっか
細かいことに気を使えず
ミスが多い
そして気にしない
エネルギッシュ
猪突猛進タイプ

があります。彼らは朝早くからバリバリと活動を始めるほど、エネルギッシュな存在であり、細かい物事に目が行かなくなってしまうのです。

うっかりミスもバイタリティの表れだとすれば、一概に悪いこととは言えないかもしれません。

①朝型と夜型

朝型と夜型は、夜勤のバイトなど、生活習慣の違いによって分類されることもあるが、脳内物質であるセロトニンの分泌量が両者を分けているとも言われ、先天的な特徴とも言える。人間の体には体内時計が備わっており、どちらかと言うと、夜明けとともに活動を始める朝型の方が、自然な形と言える。ただし夜型の場合は、不規則な睡眠時間に対する適応能力が高いとも言え、海外に渡った際の時差ぼけは、朝型の方が苦しめられると言う。

お悩み相談室

今回のお悩み

「今まで、あまりよい恋愛を経験したことがありません。いつも浮気されてばかり……」

社交的な男性はNG。孤独な男性を選んで

付き合う前は誠実な人だと思っていたのに、最後は結局浮気されておしまい……。そんなパターンを繰り返す女性は意外に多いようです。やはり人それぞれ好みというものがありますから、気付かないうちに浮気性の男性を選んでしまうのでしょう。

男性は女性の倍、ウソをつくと言われています。具体的な数字を挙げると、女性は一日に3回ウソをつき、対して男性は6回ものウソをつくとも。

こんな数字を見せられては、恋人を信じることもできなくなってしまいますね。ただし、一方で妻以外の人を愛したことがないという男性の割合は40パーセントだという研究報告もあります。要は浮気をしない男性といかにして付き合うかというのが重要になるでしょう。

ではその見分け方はあるのでしょうか。結論から言うと、交友関係が広くいつも男友達とつるんでいるような男性は要注意です。浮気性の可能性が高いでしょう。男友達とばかり遊んでいるのだから、女性にうつつを抜かしている暇などないのでは？と意外に思われるかもしれません。けれど交友関係や遊び仲間が多いということは、それだけ街に出て出会いの場を訪れる可能性も高いということです。

　ではどのような男性ならば浮気をされないのか。それは〝一匹狼型〟の男性だと言われています。社交的な男性の反対ですね。

　さて、実は浮気されやすい振る舞いというものも存在します。それは「浮気はしないでね」と念を押すことです。かつて恋人に裏切られた経験からそうしている人がいるかもしれませんが、これは逆効果。浮気を禁止されると逆に浮気に興味を持ってしまうのです。

　逆に「信頼してるよ」とか「浮気をしないところ、好きだよ」などと、浮気をしないことがさも当たり前のことのように接してみましょう。

　全幅の信頼を寄せられた男性は、なかなかその期待を裏切ることができないはずです。

アドバイス

一匹狼型の男性とお付き合いしてみましょう

立ってものごとを考える人は決断力・行動力がある!?

うーん
うーん
座って考える人
立って考える人
そうか!
…ちがうな
あれ?
うーん
うーん
まてよ?
…いや
決めた!
熟慮型
なかなか決まらない
即決型
次の行動が速い
決断スピード
33%UP
座ってる人
立ってる人
スピード

ボーっと立っている人ほど頭の中はフル回転！

職場を見渡してみると、一日中パソコンと向かい合っている人がいるかと思えば、何かと理由をつけては席を立ち、窓から外を見ながらボーッとタバコをふかしている人もいます。しかし、ボーッと立っている人を「不真面目だ！」と決めつけるのは早計。立ったまま考える人の方が、決断力に優れているという実験結果があるからです。

この実験を行ったのは、ミズーリ大学のプルードン博士です。彼は、被験者の大学生たちに、一方は立ったまま、もう一方は座ったままの状態で、**意思決定（①）**をさせました。そして両者が決断までにかかる時間を測定・比較したところ、立ったまま考えた人の方が、座って考えた人より実に33パーセントも速く決断を行っている、ということが明らかになったのです。

つまり、立ったままボーッとしている社員は、一見サボっているように見えますが、その実、頭の中をフル回転させて、次に何をするべきか考えている（かもしれない）ということ。さらに、立った状態で考えごとをする人は、思い立ったことを行動に移すのも速い傾向にあるため、結果として、机に座って考えている人よりもはる

①意思決定
様々な欲求や他者との競合が混在する中で、人があるひとつの意思を選び取ることを、意思決定と呼ぶ。意思とは、人間がある動機に基づいて何らかの目的を持ち、実際に行動を行うまでのプロセスのこと。この意思決定の仕組みを明らかにするための主な手法として、人々が合理的な判断を行うと仮定し、数式やグラフを用いて意思決定の仕組みを明らかにしようと試みる方法「規範的アプローチ」と、実験やアンケートなど、実際に意思決定を行っている人からデータを集め、その結果から意思決定の法則を探る方法「記述的アプ

かに短い時間で、同じ量の仕事を終わらせてしまうのです。

また、南カリフォルニア大学のバーカイン教授も、考えごとをする際は座っているより立った方がよい、という意見を述べています。

立ち上がることで体の血行がよくなり、**大脳（②）**が活性化するからです。実験によれば、立った状態の被験者は、座った状態の被験者と比べて、5〜20パーセント意思決定が速くなるという結果が見られました。立った状態の方が座っている状態よりも決断が速い、ということは脳科学の観点から見ても確かなようです。一方で、机にずっと向かって作業をしている社員は、ひとつのことを考える熟慮タイプ。丁寧に物事を考えるため、仕事をこなすスピードはどうしても遅くなりがちです。

熟慮が必要な仕事は〝座って仕事〟派に任せる

さて、もしあなたが何人かの部下を持つ上司ならば、以上の内容は、業務効率アップの参考になるはずです。今まで、「彼は真面目だし、ヒマそうだから」と、机に座って作業をしている人に急ぎの仕事を任せたりはしていませんでしたか？　前述の通り、机に向かって仕事をするタイプは、決定までに時間のかかる熟慮型。真面目

ローチ」の2つが挙げられる。前者は主に経済学の分野で扱われることが多く、後者は主に心理学の分野で扱われることが多い。

②大脳
人間の脳の大部分を占める器官で、動物に比べて特に発達している。一般的な人が脳と聞いて思い描くイメージは、この大脳である。主に大脳皮質、白質、大脳基底核から構成されている。このうち大脳皮質は、読んで字のごとく大脳の表面を覆っている厚さ数ミリほどの膜であるが、その機能は知覚や複雑な運動と思考、記憶などにかかわり、まさに人間を人間たらしめている重要

で仕事はちゃんとこなしますが、素早い決断をするには不向きです。彼らにはなるべくスピードが要求される仕事は頼まず、正確さが求められる仕事や、熟慮を重ねて慎重に判断をしなければならないような仕事を頼むようにした方がいいでしょう。

逆に、納期が迫っていたり、スピーディな決断が求められたりする仕事を任せるなら、席を立って考えごとをしている社員に頼んでみましょう。持ち前の決断の速さと行動力で、想像以上のよい結果を出してくれるかもしれません。

立って考える人、座って考える人……仕事に対するスタンスは、人によってそれぞれです。「アイツはいつもどこかをフラフラして、不真面目なやつだ！」「アイツは机にばかりかじり付いているくせに、仕事が遅すぎる！」と、部下に対して嘆くのではなく、それぞれの特徴をうまく活かして、仕事の割り振りをするように心がけてみましょう。そうすれば、あなた自身が「デキる上司」として認められるようになる日もきっと近いはず。

ところであなたは、立って考える派でしょうか、それとも座って考える派でしょうか。もし自分の決断力が弱くて悩んでいるのなら……。たまには、部下と一緒にタバコをふかしてみるのもよいかもしれません。

な器官である。また、大脳には微細な毛細血管が縦横に走っており、血液を介して活動に必要なエネルギーを得ている。よって、血流をよくすることは意思決定にも重要とされる。

手のひらが温かい人には積極的なアプローチが効果的

握手をすれば、相手の本心がわかる
手の温度が高い人
人付き合いが好き
手の温度が低い人
人付き合いが苦手
手が乾いている人
外向的で誘いに応じやすい
手が湿っている人
内向的で誘いを迷惑がる
ギュッ
力強く握る
積極的で意欲的
チョン
弱々しく握る
無感動、無関心

手のひらの温度で人付き合いの積極性がわかる

仕事や留学、ホームステイなどで海外――特に欧米各国――へ渡航したことのある人ならわかるかと思いますが、アメリカ人やイギリス人などは、とにかく**握手**（①）を求めてきます。

初対面のあいさつ、ビジネスの席、ホームパーティへ招いた際、別れ際などなど、いつでも手をさっと出してきて、相手とシェイクハンド……。握手は、欧米流のフレンドシップの基本と言ってもいいでしょう。

しかし、日本にはあまり握手の文化が根付いていません。もともと親しい間柄ならまだしも、初対面の人とのあいさつでは**お辞儀**（②）と名刺を交わすというのが一般的です。相手の体に直接触れるという気恥ずかしさが、握手を避ける文化を醸成してきたのかもしれません。

ただし、相手の心理を読み解きたいのであれば、積極的に握手をした方がよいでしょう。セイモア・フィッシャーという心理学者によれば、手のひらの温度が高い人は人付き合いに積極的なタイプ、低い人は人付き合いに消極的なタイプだそうです。

したがって、初対面での握手の際、相手の手のひらからジンワリ

①握手
2人の人がお互いの手を握り合う、あいさつのひとつ。相手への好意を示す動作であり、相手から差しのべられた握手を断ったり無視したりすることはマナー違反とされている。紀元前5世紀頃のギリシャではすでに握手の習慣ができていたと推測されており、2人の兵士が握手を交わしている石碑が発見されている。手に武器を持っていないことを示すための意思表示であるとも言われる。なお、欧米ではしっかりと握り返すことが適切だと考えられており、弱々しい握手は、しばしば「死んだ魚のような握手」として避けられる

とした温もりが伝わってきたなら、「この人に対しては、積極的に話しかけても嫌われないな」と判断することができます。ランチや宴席などに誘った場合も、好意的な返事が期待できるでしょう。

逆に、ヒンヤリした冷たい手のひらであれば、「あまりこちらからアプローチすると、敬遠されるかも……」となるわけです。いきなり飲み会やゴルフなどに誘ったりせず、時間をかけて着実に人間関係を築き上げる方が無難かもしれません。

この判断方法は、特に女性が相手だと効果的です。というのも、男性は比較的**体温**（③）の高い人が多く、明確に体温の高低が区別できないことがあるのです。もちろん、女性と握手する際は、タイミングとマナーをわきまえることが大切なので、頻繁に握手を求めるのは考えものですが……。

相手に好意を示したければ握手は力強くしっかりと！

同じく、握手と性格の関係を分析したものとしては、ジャン・アストロムによる研究があります。

アストロムはスウェーデンのリンコピン大学の精神科学の研究者。彼の研究によると、男性に限っていうなら、手のひらが乾いている傾向がある。

---

②お辞儀
あいさつの意や感謝、謝罪などを示すために、腰を曲げて頭を下げる動作のこと。日本は湿気が高く、手に汗をかきやすいため、握手に代わって広く浸透してきたとする意見もある。なお、必要以上に深々とお辞儀をする人は、相手に対して「目を合わせたくない」「相手とかかわりたくない」という心理の表れであるとも言われている。

③体温
生物の体の温度のこと。日本人の平均的な体温は36・89度（±0・34度）であり、およそ36・5～37度が一般的。ただ

人ほど社交的な性格であるそうです。

握手をした際、手のひらがサラサラであれば、どんどん話しかけるなどして、こちらも社交的な態度を示しましょう。反対に、じっとりと湿っている多汗な手のひらの男性は、内気で人付き合いに消極的であることが推測されます。

さらに、グッと力を込めて握手してくる人ほど、積極的な性格であることもアストロムは指摘しています。しっかりと握手するということは、それだけ相手と直接的に触れ合うということ。にもかかわらず、力強く握手してくる人は、他者とのコミュニケーションに対する抵抗感がなく、オープンな性格であることが予想できます。

このように、握手だけでたくさんの情報が読み取れるわけですが、これはあなた自身の握手も相手に読み解かれているということでもあります。

日本にいる場合、日常生活で握手をすることはあまりありませんが、それでも商談がまとまった席やパーティ会場などで目にすることは少なくありません。もし他者と握手するようなことがあれば、あらかじめ手の汗をハンカチなどでぬぐい、ガッシリと握り返すようにしましょう。きっと、相手に対して「この人となら仲よくなれそう」と思わせることができるはずです。

し、この数字は体の内部の温度であり、皮膚や手のひらなど外気の影響を受けやすい部分の温度は34度ほどが一般的である。また一日の間でも変動があり、早朝ほど低く、夕方頃がもっとも高くなる傾向があるため、体温を測定する際には注意が必要。

恋愛が長続きする人ほど
だまされやすい

ぜんぜん
カワイくない
この写真の人を見て
魅力的じゃないって言って
OK
興味ナイ
恋人にウソをつかせる
魅力的な人の写真を見せて
見抜かれた場合
ギャー ギャー
ウソでしょ!?
なんでそんな
疑うのさ
なんで帰りが遅いの!?
メール見せてよ!
疲れるなあ
…と、別れに発展するケースが多い
見抜かれなかった場合
この子は
ラクだなあ
ほっ
へー
そーなんだー
うんうん
…と、別れる危険性が少ない

恋愛がウソを見抜く力を狂わせてしまう？

恋愛における**ウソ**（①）は、ときには2人の仲を切り裂くきっかけになります。それゆえ、相手の行動や発言についつい疑心暗鬼になってしまいがち。しかし、一方で、「ウソは気がつかなければ幸せ」とばかりに、疑うことを一切せず、恋人ライフをエンジョイするカップルもいます。

では実際のところ、恋人同士の〝ウソ〟は、疑うべきなのでしょうか。この疑問にひとつの答えを出してくれる実験があります。アメリカの心理学者・ディポーロが行った、多くのカップルを集め、相手に対してウソをついてもらうという実験です。具体的には、カップルの片方に魅力的な異性の写真を見せ、恋人に対して「まったく魅力のない人だった」と説明するよう求めました。直前にイケメン（超美人）の写真を見せられた恋人が、「ブサメン（ブス）だったよ～」とウソをつく、というわけです。

結果、「長く付き合っているカップルほど、相手のウソを見抜けない」という結果が導き出されました。

相手のウソを見抜けないから恋愛が長続きするのか、恋愛が長続きするからウソを見抜けないのか、どちらが正しいかは判断がつか

---

①ウソ
事実に反すること。ウソをつくことは、コミュニケーションの潤滑油として働いているという見解がある。事実しか話せない状況では円滑なコミュニケーションが図られにくくなることは実感的に理解できる人も多いだろう。また、末期ガンなどの病名告知においても、患者を必要以上に落ち込ませないためにウソの病状を伝えることもある。ただし、ウソは一切否定される文化・風俗も存在している。さらに、浮気などの背信行為を隠すためについたウソは、その後ウソの上塗りになって後に引けなくなり、犯罪行為につながる可

ないところです。しかし、彼女の「会社の飲み会がある」という言葉を男との合コンだと疑ってみたり、彼氏の出張を不倫旅行だと疑ったりするカップルは、どうにも長続きしなさそうです。

逆に、はたから見ていると明らかに浮気の言い訳にしか聞こえないウソを見抜けず、盲目的に信じている人の方が、何だかんだで恋人を手元に置き続けるというのも、経験上理解できるのではないでしょうか。

浮気されていると思い込むと現実になってしまう!?

ただ、恋人の言葉を一切疑わないというのは、現実的に難しいことでもあります。一度浮気されるのを経験すれば、いやでも疑い深くなるでしょう。疑い深くなれば、「デート中のトイレが長い」程度のささいなことでも浮気を疑ってしまうもの。そして、疑いを心にしまっておけるならまだしも、相手を問い詰めてしまい、嫌がられて距離を置かれ、さらに浮気が気になって……なんていう悪循環に陥ることだって珍しくありません。

心理学には「**予言の自己実現**（②）」という言葉もあります。たとえば「浮気してるでしょ」といつも疑っていると、実際その通り

能性も指摘されている。また、虚栄心などから頻繁にウソをついてしまう〝虚言癖〟というものもある。この場合、現実における自身の状況をより大きく見せることが多く、過大な自慢話などがこれに該当する。こうしたウソを続けていると、自分でも現実とウソの差がわからなくなり、現実認識に支障をきたす場合もある。統合失調症などの精神疾患を原因とするウソもあり、この場合は単にウソを正すのではなく、根本的な治療を要する。

②予言の自己実現
自己成就予言ともいう。予言をした者や予言を受けた者が、その言葉

になってしまうことがあるのです。それくらい思い込みの力は強いものなのです。

もちろん、何があっても100パーセント恋人を疑わないというのも考えものです。遊びなれた相手には単に「都合のいい相手」と扱われる危険がありますし、さらに、ウソを見抜けないということはだまされやすいということにつながりますから、結婚詐欺などに引っかかるおそれだってあるのです。ですから、一概にどちらがよいとは言い切れません。

ただし、やはり愛する恋人とはいつまでも一緒にいたいもの。そのためには、疑う気持ちを抑えて、できる限り素直に相手の言葉を受け入れるように努力した方がよさそうです。思い切ってだまされるつもりで恋をしてみてもいいかもしれません。

もちろん、万が一裏切られても「まあいいや」と割り切れる性格でなければ難しいでしょうが……。

しかし、こちらが信じるだけでなく、相手にも同様に信じてもらわなければ意味がありません。信じてもらうためには、「疑うと長続きしないんだよ」などと言う前に、疑われるような行為をしないことが大切です。お互いに相手を裏切らず、その上で素直に互いを受け入れることが、長く付き合うために必要なのかもしれませんね。

通りの行動を結果として取ってしまい、予言が実際のものとなることをいう。身近な例としては、占いで「30歳に結婚」と言われた人が、結果を信じるがゆえに、無意識的であっても30歳で結婚するための行動を取り、結果として実現する場合などがある。

足を開いて座っていたら心も開いている証拠！

足の動作と性格の関係
足首付近でクロス
屈辱・服従的
膝がハの字
達成欲求が強い
そろえて座る
秩序欲求が強い
片方の膝に足首をのせる
自己顕示的
中央付近でクロス
養育欲求が高い

足を揃えていたらお堅い女性、では浅めに組む人は……

対面に座る女性が足を組んでいると、つい気になって視線が行ってしまう……。男性ならば、こんな経験をしたことがあるのではないでしょうか。また、電車の中で隣に座る人が頻繁に足を組み替えて、邪魔に思うこともあるでしょう。

そんな、誰しも何気なくやってしまう、「足を組む」という行為。実はこのしぐさも、人の心理や性格を推測する上で、大きなヒントを与えてくれるものなのです。

自分や周囲の人の座っているときの足の状態を注意深く観察してみると、一定の傾向があることに気付くはずです。長時間にわたって座っているときなどは、人は無意識に自分にとってもっとも楽で落ち着く体勢を取っているからです。そして、同じ人が取る体勢は基本的にひとつです。

ときおり足を組み替えることはあるでしょうが、ベースになる体勢は同じなのです。とすれば、それがその人の性格を表していると考えるのも、ごく自然なこと。実際に、アメリカの臨床心理学者、ジョン・ブレイザー博士の実験でも、足の組み方と性格の関連性は示されています。

---

①秩序欲求
どんな人でも持っている〝欲求〟。心理学でも様々な分析が加えられている。H・A・マレーが臨床心理検査や面接によって調査を行い、〝社会的に認められたい〟〝他者を喜ばせたい〟などの心理・社会的欲求を類型化している。秩序欲求や親和欲求もこのひとつで、秩序欲求は「整理整頓・系統化・片付けを行いたくなる欲求」、親和欲求は「他人と仲よくなりたいという欲求」とされている。秩序欲求と同種の欲求として、新たなものを獲得したい〝獲得欲求〟、財をため込みたいという〝保持欲求〟がある。また、親和欲求と同種

ブレイザー博士の実験は、白人女性1000人を対象に、座っているときの足の状態とその女性のパーソナリティとの関連を分析したものです。それによると、おおむね10種類の足の組み方が個人の性格的特徴と関連しているということがわかりました。

たとえば、足をぴったりと閉じて、揃えて座る人は**秩序欲求**（①）が強い、中央付近で足をクロスさせて座る人は養育欲求が強いそうです。また、膝を開いて逆「ハ」の字で座っている人は、男性に対して積極的な性格であるという傾向も示されました。

つまり、足の付け根部分が比較的開きがちの女性は、男性に対してちょっとユルいということ。足首付近でクロスさせる女性は、屈辱的・服従的（つまりドM？）という結果すら出ています。

心を開けば足も開く？　閉じれば〝拒否〟のサイン

このブレイザー博士の実験は、前述したように足の状態と性格の関連性を探ったものです。ですが、足の状態は性格だけでなく、その時々の心理とも密接な関係があると言われています。特に、公共の場においてより顕著な傾向があるようです。

具体例を挙げましょう。足を大きく広げて座るのは、**パーソナル**

の欲求は、他人とのかかわりを拒否する〝拒絶欲求〟、自己卑下である〝屈従欲求〟などがある。このように欲求を類型化し、どの欲求が強いかを調査することで個人のパーソナリティ分析に役立てることができる。

②**パーソナルスペース** 他人が近付くと不快に感じる空間。親しい人が対象になると狭くなり、敵視する相手には広くなる。また、一般的に男性より女性の方が狭い。文化人類学者エドワード・ホールが分類作業を行っている。それによると、①ごく親しい人にのみ近付くことが許される「密接距離」＝45セン

スペース（②）を広げたいという心理状態の表れ。電車の中で、隣の人のスペースまで占有して座っている人を見かけたこと、ありますよね。こういう人は、自分の領域を広げることによって、他人を拒絶したり、虚勢を張ろうとしているのです。もしかすると、心の中に不安を抱えていることの表れなのかもしれません。

また、会話中に足を開いている人は、そのおしゃべりを楽しんでいるということ。彼氏と楽しく話をしていると、カフェなどで会ってもついつい足が開いてしまうという女性も多くいます。逆に言えば、足を閉じていると、相手の話に興味がないということ。さらに退屈すると、足を前に投げ出したり、頻繁に組み替えるようになります。会話相手の足がそのようになったら、早めに会話を切り上げた方がよいでしょう。

ブレイザー博士の研究結果と合わせて考えれば、足の開きは心の開き、ということになります。狙った女性が足を開いたり浅く組んでいると、それは脈アリということ。

一方で、かたく閉じているなら、それをこじ開けるのはなかなか難しそうです。この傾向は、女性に顕著ですが、男性にも当てはまります。立食パーティではムリですが、合コンの席で相手の足の様子をチェックして、脈アリかどうか判断してみるといいでしょう。

チ以内、②相手の表情が読み取れる「個体距離」＝45～120センチ、③会話が容易にできる程度の「社会距離」＝120センチ～3・5メートル、④複数の相手が見渡せる「公共距離」＝3・5メートル以上の4ゾーン。ベンチや喫煙室といった公共施設もこの距離感に基づいて設計されていることが多い。

高い地位にある人ほど傲慢な性格を持っている！

権力がやがて人格を変える!?

どこの会社にも嫌な上司はつきもの。とはいえ、権力がその人の性格を悪化させてしまった可能性があるのです。権力と人間性の関係は心理学の研究を進める上で明らかにされました。

アメリカの心理学者キプニスは、人が権力に毒されていく過程を調べました。彼はまず大学の実験室に仮想の会社を作り、そこに管理職役とその部下役（複数人）、両者の間をつなぐ連絡役を設定、部下役には製品組み立て等の作業を、管理職役には彼らへの指示出しと作業成果の向上を任せました。ポイントはこのとき、権限の強い管理職と、弱い管理職の2種類を設定したことです。権限の弱い管理職に許されたのは簡単な作業指示だけ。

一方、権限の強い管理職には部下の解雇などの指示出しが許されました。実験の結果、権限の弱い管理職に比べ、強い管理職の方が頻繁に指示を出して影響力の行使を図り、さらには部下の能力を低く見積もる傾向にあることがわかったのです（**権力の堕落（①）**）。つまり、人は権限の大

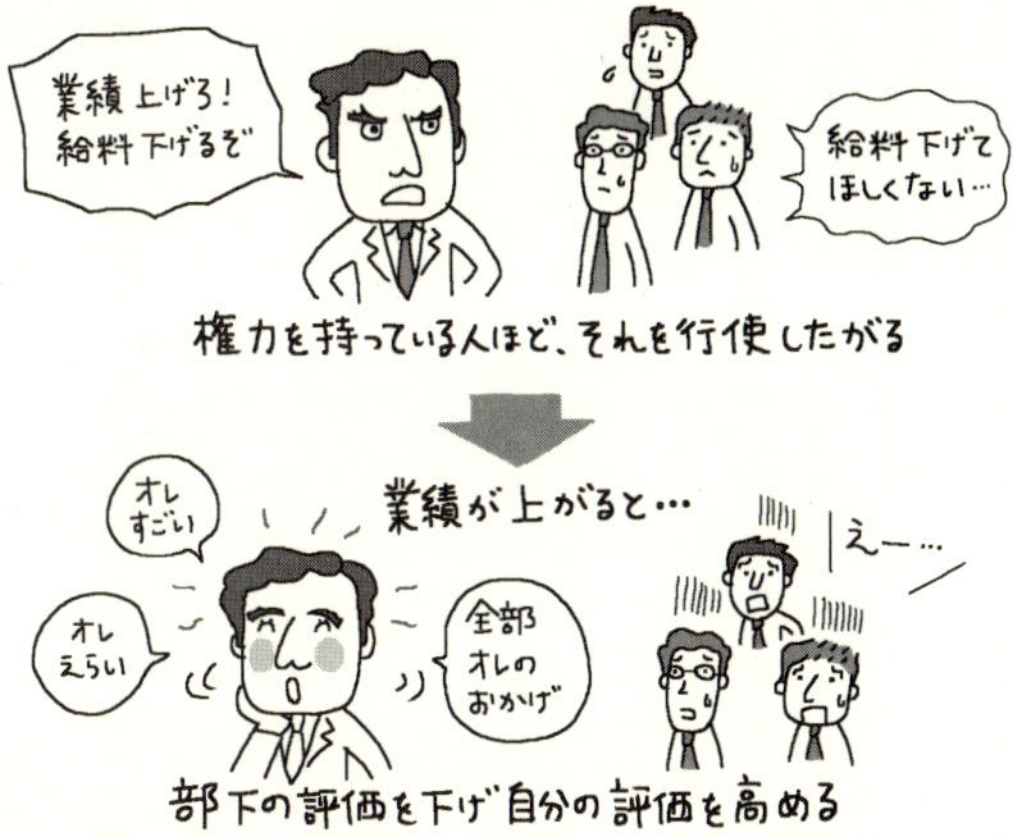
業績上げろ！
給料下げるぞ
給料下げてほしくない…
権力を持っている人ほど、それを行使したがる
業績が上がると…
オレすごい
オレえらい
全部オレのおかげ
えー…
部下の評価を下げ自分の評価を高める

少によって大きく性格を変えてしまうということです。会社などであまりにも多くの権限を有する人に出会った場合、その人は傲慢な人間かもしれないと、予想することができるでしょう。

①権力の堕落

人間は同じ立場（管理職）の者であっても、扱える権限によってその後、大きく性格が分岐する。強い権限は上司の介入を招き、どこまでが部下の成果でどこまでが上司の成果なのかが曖昧になり、権力の堕落を生んでしまう。一方の弱い権限は部下の自主性が尊重されるため、仕事の成果を正当に評価できる利点があり、上司と部下の間で良好な関係が築かれるため、堕落は起こりにくい。

お悩み相談室

今回のお悩み

「どうしてもお金持ちになりたいです！」

お金に囲まれると幸せへの感覚が鈍る!?

「もしも、自分が大富豪だったら」「もっと豊かな生活を送れたら……」。誰でも日常で一度は、思い描いたことのある夢でしょう。

一般家庭にとって、お金持ちの生活は未知の世界。テレビなどから漏れ聞く〝セレブ〟たちの生活は、まるで夢物語のようです。

でもちょっと待ってください。お金を得ることは、本当にあなたに幸せをもたらすのでしょうか？

別に、道徳論や精神論を語っているのではありません。お金が人々に幸せを運ぶとは限らないと、実際に心理学の実験結果が示しているのです。

ベルギーのリエージュ大学の研究チームが行った実験です。対象となったのはリエージュ大学で働く職員351人。

研究チームは彼らをまず2つのグループに分け、一方にはたくさんのお金の画像を見せた上で、両者にある質問を行いました。日常の中で起こり得る幸せな出来事を思い浮かべてもらい、そのときに取るであろう行動を8通りの選択肢から選んでもらったのです。肯定的な選択肢（その瞬間の気分を楽しむ等）を選ぶたびポイントが加算される仕組みです（複数選択可能）。

その結果、事前にお金の画像を見せられた前者のグループの場合、ポイントが総じて低いことがわかったのです。また実際に高収入を得ている被験者ほど、ポイントが低いことも同時にわかりました。

お金には日常の小さな喜びに対する興味、感度を失わせる力があるようなのです。

ただし、このような幸福に関する多肢選択式テストは、その有効性が必ずしも明確ではないため注意も必要です。

「お金持ちになりたい！」という思いも、何事かに打ち込むためのモチベーションとしては決して悪いものではありません。でもその前に、一度立ち止まって身の回りの見落としている幸せに目を向けてみてはいかがでしょうか？　青い鳥は身近にいるものです。

アドバイス

お金持ちになったからといって幸せになれるとは限りません

努力家肌・頑張り屋の人ほど心がポッキリ折れやすい！

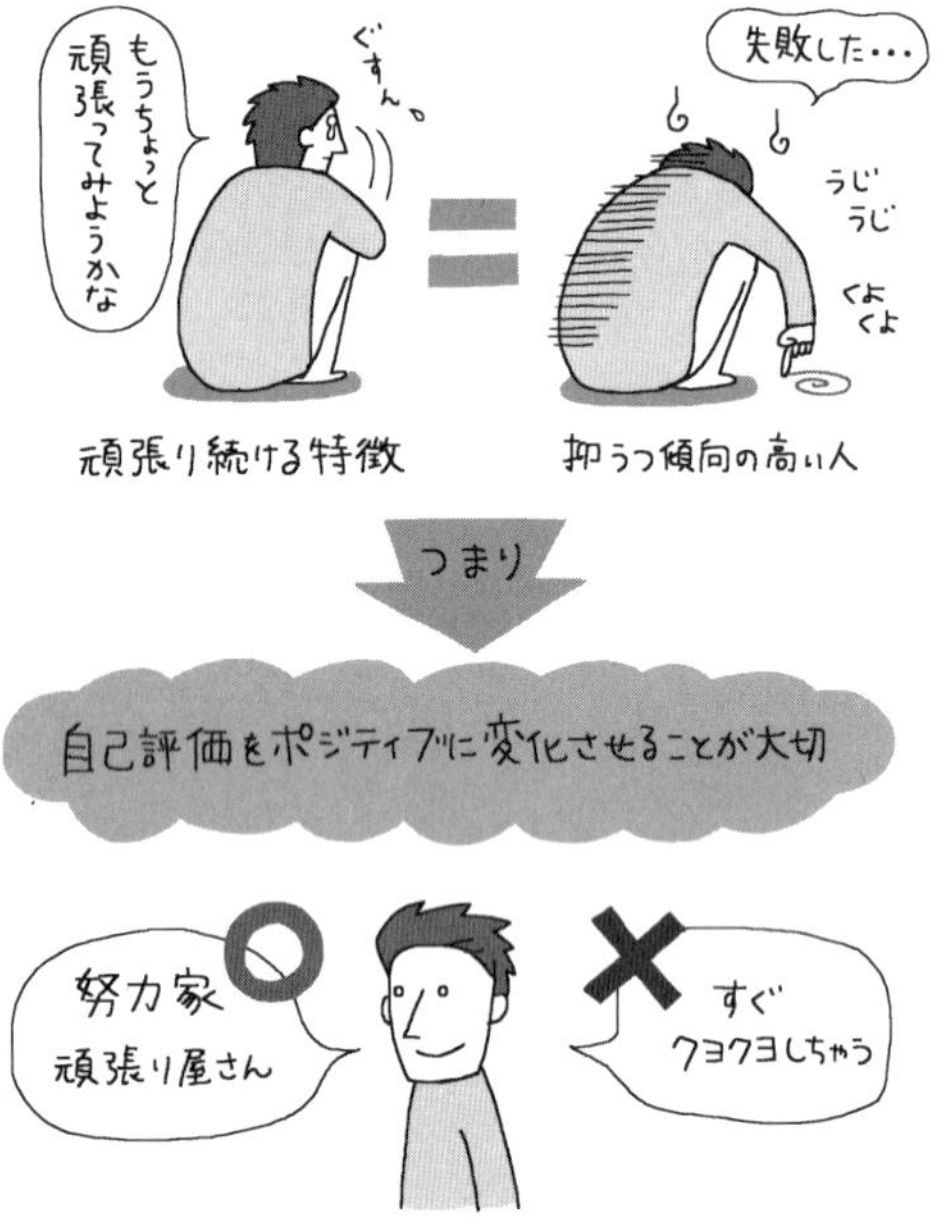
もうちょっと頑張ってみようかな
ぐすん。
先敗した…
うじうじ
くよくよ
頑張り続ける特徴
抑うつ傾向の高い人
つまり
自己評価をポジティブに変化させることが大切
努力家
頑張り屋さん
すぐクヨクヨしちゃう

その何気ないひと言が当人を追い込んでしまう！

厚生労働省の統計によると、2008年現在、我が国では104万人もの**気分障害**（①）患者がいるとされています。「気分障害」とは、**うつ病**（②）や躁うつ病、気分変調症などといった心の病気のこと。中でもうつ病患者は70万人以上もおり、決して他人事とは言えない実情があります。

明確にうつ病とは診断されなくても、うつ病になりやすい、すなわち抑うつ傾向のある人もいるでしょう。

たとえば、「仕事上のささいな失敗で落ち込んでしまう」「人付き合いが苦手で、他人との会話が不安でしかたない」「休日になっても、何もしたくない」などなど。要するに〝心が折れて〟しまうわけです。また近年では、出社しようとすると頭痛や吐き気に襲われる「**出社拒否症**（③）」という症例もあります。

こういった心の病を抱えがちな人、抑うつ傾向のある人たちとの付き合いには、特に慎重にならなければいけません。他者からの何気ないひと言が、その人の心をさらに追い込んでしまう可能性があるからです。それでは、どういった人が、抑うつ傾向が強いのでしょうか。

---

①気分障害
日常生活に支障をきたすほどの、一定期間にわたる気分・感情の変調。うつ病や躁うつ病のほか、特定不明の気分の変調も含まれる。厚生労働省の統計によれば、その患者数は年々増加傾向にある。2008年時点の女性患者は65万5000人、男性患者は38万6000人と、女性の方が1・7倍ほど多い傾向にある。また、年齢別に見ると、男性では30代が8万4000人ともっとも多く、女性では60、70代がそれぞれ約12万人ともっとも多い年代となっている。

カナダにあるコンコーディア大学のC・ロッシュ博士は、15〜19歳の人を対象にリサーチを実施しました。

その結果、抑うつ傾向が強い人ほど、「目標達成のための努力を惜しまない」「結果が出るまで頑張り続ける」といった行動特徴があることが判明しました。

逆を言えば、努力家や頑張り屋さんほど、抑うつ傾向が強い＝心が折れやすいと言えます。

期待をかけるのはNG！　力を抜くようアドバイスを

このような人々は、自分で決めた目標に向かってわき目もふらずにまい進するタイプです。ただ、成功があれば失敗もあるのが人生ですから、大なり小なりのつまずきは避けられません。

普通の人なら「まあ、しょうがないか」「これくらいの成果で満足しておこう」と、心の中で折り合いをつけられます。

しかし、努力家・頑張り屋さんの人は、「失敗したのは自分の努力が足りないからだ」「頑張れば絶対にうまくいくはず」と考えてしまい、知らず知らずのうちに自分を追い込んでいきます。やがて、ささいな失敗などで心の限界に達してしまい、それまでの反動から

---

②うつ病
気分障害のひとつで、持続的な抑うつ気分、原因の特定できない不安・焦り、感情や意欲の低下、不眠症などが症例として挙げられる。原因は様々だが、単なる気分の浮き沈みとは違い、セロトニンやドーパミンといった感情にかかわる神経伝達物質の不足に起因することが多くある。近年は抗うつ剤などの薬物治療も行われるようになっているが、基本的にはひとりで治そうとせず、専門医に相談することが必要。

③出社拒否症
会社へ行こうとすると、頭痛や吐き気などに襲われる症例。まじめな

極端に落ち込んでしまうのです。

よく、「うつ病の人に対して、『頑張れ』と励ましてはいけない」と言われますが、これは以上のような背景があるためでしょう。

もともと頑張りすぎが高じて抑うつ状態になったようなものなのに、「頑張れ」と声をかけられては、さらに自分を追い込んでしまいます。極端な例ですが、「周りの期待に応えられない自分は、なんてダメな人間なんだ」と思い込み、自殺してしまう可能性もあるでしょう。

目標に向かって努力できること・頑張れることは、その人の長所でもありますが、あまりに頑張りすぎてしまうことは、心が折れやすいという短所にもなるのです。

あなたの周囲にも頑張り屋さんがいないか、よく観察してみてください。その頑張りが当人の苦痛になっているようであれば、肩の力を抜くように声をかけてみてはどうでしょうか。アドバイスでリラックスできるようであれば、その人は頑張り屋さんという特徴を、長所としてうまくコントロールできるようになることでしょう。

ただし、本格的なうつ病に対しては、やはり専門知識が必要です。会社の部下などが、アドバイスを受け入れずに頑張りすぎてしまうようであれば、専門家の助言を仰ぎましょう。

人や責任感の強い人に現れることが多く、特に大きな仕事や重要な仕事を任された際に現れやすいと言われる。働き盛りの若い人だけでなく、社会の急激な情勢変化や会社内の環境変化についていけなくなった中高年層も出社拒否症になることがある。

激しいキスを求める男は結婚後にいばるタイプ

彼ったらキスもセックスも
情熱的なのよ〜
私って愛されてるわ
…ちがいます！
NO
H
H
自分の欲望を満たそうとしているだけ
よって
自己中心的でワガママなので
結婚後は…
働けー
セックスさせろー
酒もってこーい
いばりちらす可能性大

アツ～いキスをするオトコは自分勝手でワガママ？

あなたはどんな**キス**（①）が好きでしょうか？　軽く唇同士が触れ合うようなソフトキス、熱く燃えるように情熱的なディープキス……。恋人同士が愛を確かめ合うために欠かせないこのキスという行為で、結婚後の男性の性格がわかるという説があります。

この説を提唱しているのは、イギリスの心理学者、ドロシー・マクリアン博士。博士によれば、「情熱的なキスをする男性ほど、結婚後は**自己中心**（②）的で大いばり」だそうです。デート中、街中であっても気にすることなく熱いキスを求めてくる男性は確かに野性的な魅力があります。また、そんな燃えるようなキスが好きで、興奮してしまうという女性も多くいます。しかし、こういうキスをする男は、ワガママで自己中心的な人だというのです。これは、セックスでも同じことが言えます。積極的に恋人の体を求め、情熱的な一夜を明かす……。熱いキスをする人ほど、そんなセックスライフを好む傾向があると思いませんか？

そして、こういう男性に出会うと、「私のことをこれほどまでに愛しているなんて……」と思う女性もいるかもしれません。でも、こうした情熱的なキスやセックスは、愛ゆえの行為ではありませ

---

①キス
愛情表現のひとつ。ほかの愛情表現に抱擁やペッティングなどがあり、恋人同士の男女に限らず、親子の親愛表現においても頻繁に行われる。民族・文化によっては男性同士でも親愛の情を示すためにキスをすることがあるが、一方で忌避している民族・文化もあるので注意が必要である。愛情表現としての意味合いがあるため、セックスよりもキスを重視する男女は多い。また、日本では性行為との関連性も強く、セックスの前戯としてキスをすることは一般的である。ムードのよい場所でのキスは、ホルモンの変化を促し、互いへの信

ん。むしろ、自分勝手で女性に対する気配りが欠けている行為であり、自分自身の「キスをしたい」「セックスしたい」という欲望に忠実になっているだけなのです。実際、普通の人なら街中でのキスは、ちょっと嫌なもの。人目を気にする女性なら、なおさらです。また、気分が乗らないときのセックスは苦痛でしかありません。彼らは、女性の嫌な気分や苦痛を〝情熱〟と持ち前のテクニックでカバーしているにすぎないのです。

　このような欲望だけに基づいて、相手の都合を気にしない男性は結婚後にどのようなふるまいをするのでしょうか。傍若無人でいばりちらし、家事の手伝いなどまっぴら御免という、間違った〝亭主関白〟になるかもしれません。

結婚相手に選ぶなら満たされなくてもソフトキス

　では、逆に女性のことを気遣える男性はどのようなキスをするのでしょうか。それはきっと、とても優しく柔らかなソフトキスです。ブチュッと唇同士を押し付け合い、舌を入れるようなキスは滅多にしてこないでしょう。そんなキスでは物足りないという女性は多いかもしれません。ですが、こうしたソフトなキスほど、恋人を本当

頼感を上げる効果があることが実証されている。

②自己中心
自分自身が物事の中心であると思い込み、すべての事象を解釈すること。結果として他人への配慮を欠く言動を取るようなことが多く、批判的にとらえられるのが一般的である。この傾向は、社会との接点がほとんどない幼児期特有の心理。物事の一面のみに意識が集中し、客観的に物事を見ることができない状況を中心化と呼び、自他の区分が明確でないために自分の視点でしか物事を考えられないことを自己中心性と呼ぶ。通常、成長すると

に愛していることの証なのです。

このほかに、キスの好みと知能レベルの関連性を指摘するデータもあります。高い学歴を持つ人の77パーセントがソフトキス派、高い学歴を持たない人では半分以下の40パーセントがソフトキス派という統計まであるのです。

もちろん、必ずしも学歴が高ければいいとは言えませんが、マクリアン博士の説と併せて考えれば、高学歴の人ほど優しいキスを好み、女性を気遣える男性ということになりそうです。

一日のデートが終わるときに交わされる、情熱的なキス。それがきっかけとなり、どちらかの自宅やホテルへ……。ここまではよくある話です。

しかしその後は「熱いキスとセックスじゃなきゃ絶対ダメ！」というのは考えものと言えるでしょう。時代錯誤の亭主関白に振り回されたいという人なら別ですが、これからも長く付き合い、結婚も考えるとなるとあまりオススメはできないということになりそうです。

ちなみに、この傾向は男性だけでなく女性にも当てはまるとか。ハードなキスを求めてくる女性と結婚すると、妻の尻に敷かれっぱなしの結婚生活が待っているかもしれませんよ。

自他区分が明確になり、他者の視点に立ったり、自分を客観視して社会的にどのポジションにあるのかを理解するようになる。しかし、何らかの事情により自他の区分があいまいなまま大人になった自己中心性の強い成人は、〝わがまま〟と言われる。

露出度の高い服を着る女性は自己中でプライドが高い

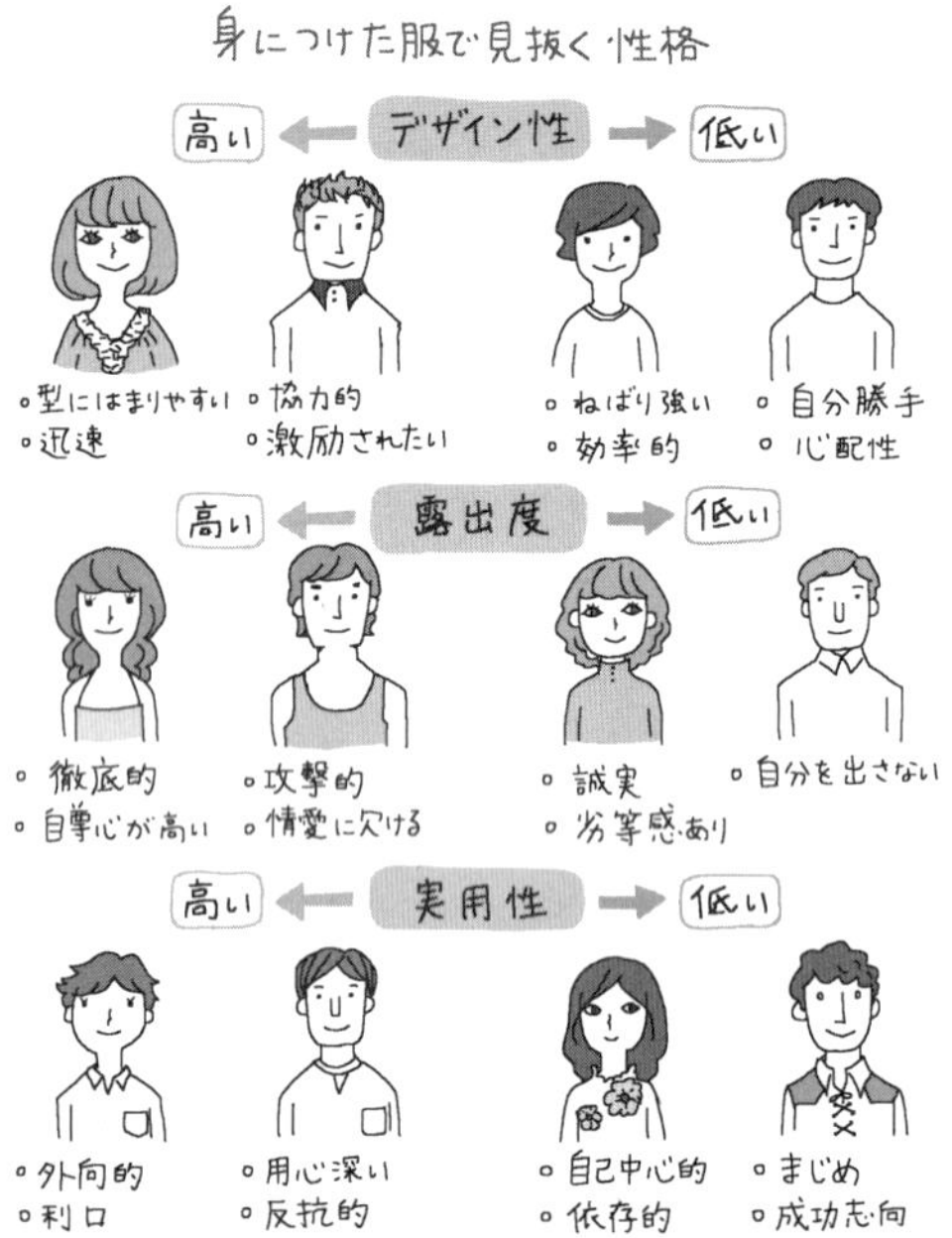
身につけた服で見抜く性格
高い
デザイン性
低い
○型にはまりやすい
○迅速
○協力的
○激励されたい
○ねばり強い
○効率的
○自分勝手
○心配性
高い
露出度
低い
○徹底的
○自尊心が高い
○攻撃的
○情愛に欠ける
○誠実
○劣等感あり
○自分を出さない
高い
実用性
低い
○外向的
○利口
○用心深い
○反抗的
○自己中心的
○依存的
○まじめ
○成功志向

着ているものひとつで相手の印象はガラッと変わる

着ている服を見て、その人がどんな人かを判断した経験は、誰にでもあることと思います。服装というものは、他人の印象を左右する重要な役割を担っているのです。

そう考えると、接する相手、状況に応じた服装を選ぶことは、場合によって大きな意味を持ってきます。ローゼンフェルドなどの研究者たちは、特にビジネスシーンにおける交流の初期段階では、身につける服装を検討することがもっとも重要だとさえ語っています。

これは、まことに的を射た指摘ではないでしょうか。

たとえば、あなたの服装が、クライアントより自分の方が地位が上だとほのめかすようなものであったら、相手はあなたに近寄りがたくなります。といって、クライアントの基準を満たさない服装だとしたら、実際の能力とは関係なく、あなたは仕事相手にふさわしくないとみなされてしまうでしょう。このように、服装は相手との関係性や距離を決定付けかねないものなのです。

服装によって自分に対する周囲の印象をコントロールすることは、ビジネスの現場以外でも普通に行われています。

---

①インフォーマル
「フォーマル（正式の、公式の）」の対義語。ここでは、礼装（フォーマルウェア）に対し、形式ばらない装いという意味で用いている。

②ホモフィリイ
外見・経歴・態度・価値観などにおける類似性、同質性といったような意味で、似たような人（個）が集まった集団では、相互に接触や緊密化が起こりやすいということを示している。要するに、人は自分に似ていそうな相手をより好むということ。日本でいう「類は友を呼ぶ」が意味としては近い。インターネットのブログやツイッターなどで、趣味

キャンパスで、学生と年の変わらない若い講師が、あえてフォーマルな格好をして学生との間に差を作る。もしくは、逆に**インフォーマル**（①）な格好をして**ホモフィリィ**（②）を生じさせるというのも、その一例と言えるでしょう。

デザイン性の高い服は融通が利かないサイン

衣服は相手に与える印象を左右すると同時に、それを身につけている者の**パーソナリティ**（③）を表しているとする研究報告もあります。

衣服に対する志向（④）やこだわりは、一般的に男性より女性の方が強いと考えられています。そこで、まずは女性の場合を見てみましょう。

デザイン性の高い衣服を着ている女性は、型にはまった考え方をしがちで、融通が利かないとされます。一方で、表現豊かで威勢がよく、行動が迅速なのもこのタイプです。それに対し、デザイン性の低い服を着ている女性は、思考明晰で機知に富み、効率的に物事に対する反面、プレッシャーには弱い傾向が見受けられるようです。

こうした差は、流行に対する敏感さ、オリジナリティへのこだわり

や嗜好の似ている者同士が相互リンクや相互フォローを通じて容易に親密さを深めていく現象も、この言葉で説明することができる。

③パーソナリティ
心理学の分野において主に「人格」を表す用語。「個性」を意味する「キャラクター」とは異なる。

④衣服に対する志向
ローゼンフェルドとプラックスは、男女双方に対し、衣服意識・デザイン性・露出性・実用性の４つの観点から、服装に対する志向にその人のパーソナリティが透けて見えることを分類してみせた。その調査結果によると、高

が反映されたものと見ることもできそうです。

露出度の高い服を着ている女性が、プライドが高く、他人とかかわりを持ちたがらないというのは、何となくわかる気がします。徹底して我が道を行くタイプということでしょうか。これが露出を抑え気味の女性では、気が小さい、誠実、辛抱強い、劣等感、異性への興味が薄いといったキーワードが並びます。やはり、露出度は保守性と結び付いているのかもしれません。

次に、男性にも目を向けてみましょう。こちらは服装を選ぶ際、実用性を重んじているか否かを基準に見てみます。

実用性の高い服装を選ぶ男性は、用心深さを持ち、人間関係や権威者からの評価を気にする傾向が強いようです。反対に実用性の低い服装を選ぶ男性は、分析的でまじめな一方、成功志向があって強引といった特徴も見られます。

男性は女性に比べると組織との距離感を意識するケースが多いため、このような結果になるのでしょう。以上はあくまで統計的なもの。一概には言えないことですが、ある程度の傾向をとらえているのも確かです。大ざっぱな分類になりますが、組織や周囲に対して誠実であるほど服装に対して保守的な意識が強く、独立心を持つ人ほど服装による自己主張が強くなるようです。

い衣服意識を持つ人は、それを常に他人に気付いてほしがっている。露出性の高い服を好む人は、フォーマルな仕事現場に肌の露出した不適切な服装で現れるなどといった傾向を見て取ることができる。

自分に自信がない人は質問に「ふつう」と答える

あなたは明るい性格ですか？
はい！
そうです
うーん
…わからない…
自信アリ
自信ナシ
答えるまでの時間
平均3.8秒
平均4.5秒
＝ 自信のある人は返答が早い！
○○です！
これは何だい？
はい！
調子いい？
自信がない人も素早く答えることで自信がつく！

自信がない人ほど答えが遅い

日本人の特徴に、自分の意見をはっきり言わないというものがあります。欧米人にとって、イエス・ノーを明らかにせず、あやふやな答えで済ませてしまう日本人は、ときに理解しがたい国民に映るようです。

ただ、そのような答え方をする裏には、相手に対する遠慮や謙譲の気持ち、即答を避ける慎重さがあるのも確かで、一概に欠点と決め付けるのもどうかと思います。

もちろん中には、ネガティブな理由から、はっきりと答えられない人たちもいます。たとえば食事に出かけたとき、料理の好みを聞かれて、「わからない」と答える。味の感想を求められ、「**ふつう①**」もしくは「まあ……」などと答える人たちです。

これが、相手に対する思いやりから発せられる答えでないのは明らかです。明確な回答を嫌う、彼らのような人々に共通しているのは、〝自信がない〟ということです。

---

①ふつう（普通）
本来は「並」「平凡」などといった意味だが、近年は若者言葉のひとつとして、頻繁に用いられるようになった。その場合、よし悪しの判断を保留・放棄したいとき、具体的な内容に踏み込むのが面倒なときなどに使われることが多い。主な用法には、以下のようなものがある。
例①
「今日は疲れた？」
「ふつう」
例②
「アイドルの○○って好き？」
「ふつうに好き」

②ブリティッシュ・コロンビア大学
カナダのブリティッ

即答するクセをつけると自信家に変わる！

ブリティッシュ・コロンビア大学（②）のジェニファー・キャンベル博士の行った、興味深い実験があります。博士はまず**性格テスト**（③）を行い、結果に応じて自信がある人と自信がない人に振り分けました。そして、双方に25の質問をぶつけたのです。

すると、自信がない人たちのグループでは、イエス・ノーがはっきりしない、どっちつかずの回答を返す人が多いという結果が得られました。

それだけではありません。自信のある人たちのグループでは、回答に平均3・8秒しかかからなかったのに比べ、自信がない人たちのグループでは、回答に平均4・5秒を要したというのです。差にして0・7秒と1秒に満たない短い時間ですが、体感的にはワンテンポの「間」と言っていいでしょう。

この実験結果が示すのは、自信の有無が、回答内容の明確さと、回答のスピードに影響を及ぼすということです。ひるがえって、回答がはっきりしない、答えるのに時間がかかる人は、自信がないということが言えます。

試しに、身近な人に質問を投げかけてみてください。あなたの問

②ブリティッシュ・コロンビア大学
カナダのブリティッシュ・コロンビア州にある州立の総合大学。略称はUBC。カナダで3本の指に数えられる名門で、北米を代表する教育・研究機関として世界的にその名を馳せている。バートラム・ブロックハウス（物理学賞）、ロバート・マンデル（経済学賞）、ハー・ゴビンド・コラナ（医学・生理学賞）らのノーベル賞受賞者を輩出していることでも有名。

③性格テスト
性格検査、パーソナリティ検査と呼称されることもある。カウンセリングなどに用いられる心理検査の一種で、主に被験者のパーソナリティの把握を目的と

いかけに対する答え方と間の取り方で、その人の自信の有無を容易に見抜くことができます。あなたの問いに、即座に明確な答えを返してくるなら、その人はたぶん自分に自信があるとみなしてよいでしょう。自信家は自らの中に確立した意見を持っています。問われる前から答えの準備ができているようなものなのです。

反対に返答がもたついたり、あやふやな回答を返すようなら、相手はあまり自分に自信がないとみなすことができます。もちろん、あなたが相手にとって魅力的な異性である場合、相手の反応が鈍くなるのは、自信以外の要素が大いに手伝っていることは言うまでもありません。

何を質問しても、「よくわからない」という答え方をする子どもは以前からよく見かけられました。最近では、冒頭で紹介した「ふつう」という言い方も増えてきたようです。「よい」でも「悪い」でもない、このどっちつかずの表現が口ぐせになっているようなら、ちょっとやっかいです。

このような判断の放棄を繰り返していると、たとえよいことがあっても素直に受け入れられず、たまただと思うようになってしまうのです。それでは自信につながりません。達成感や成功体験の積み重ねが、自信につながるのです。

して実施される。検査の方法によって「質問紙法」「投影法」「作業検査法」の3つに分類され、投影法のバリエーションである「ロールシャッハ・テスト」「バウム・テスト」などが一般的によく知られている。

相槌を頻繁に打つ人は自然と会話をリードしている

無言で相手を肯定し自然に言葉を誘導する

会議や普段の会話などで、相槌を多用する人がいます。こういう人は聞き手に徹しているように見えて、実はその話題をリードしていることが、心理学の実験で明らかになりました。

以下はアメリカで行われた実験です。まず2人の人物に自由な会話をお願いします。ただし一方には、相手が複数形の名詞を口にするたびに、相槌を打つよう指示が与えられています。単数形の名詞の場合、相槌は打ちません。やがて会話が進行するにつれて、被験者の話し方に変化が表れました。被験者の口にする名詞のうち、複数形の割合が無意識のうちに多くなっていったのです。

人間はもともと、他者から肯定されたいという、**自己是認欲求**（①）を抱えていると考えられています。相槌は相手に肯定や従順の意思を示す**非言語コミュニケーション**（②）の一種。

つまり相槌を受けることは、自己是認欲求を満たすもっとも簡単な方法でもあるのです。会話の端々に相槌を打た

相槌は会話に強く影響を与える
私は
…
彼らは
はい
単数形の名詞を使ったときは相槌を打たない
複数形の名詞を使ったときは相槌を打つ
話し手は複数形を多く使うように
＝無意識下で、会話をリードするのは聞き手！

れれば、誰でも気分よくなってしまいます。そのため被験者は相槌を打ってもらえる複数形の名詞を知らないうちに多用するようになっていたのです。つまり、自由に話しているつもりが、聞き手に言葉を誘導されていたわけです。

①自己是認欲求
〝自分〟ではなく〝他人〟に認められたいという欲求。人はこの欲求を満たしてくれた相手に対して、好意を抱く傾向がある。

②非言語コミュニケーション
言葉を介さないコミュニケーションのこと。ボディランゲージのようなものから、相槌のように会話の補助的役割を果たすものまで様々な種類がある。

お悩み相談室

今回のお悩み

「彼女が怒りっぽく、一度火がつくと手がつけられません」

女性のココロはとても複雑

男性と女性とでは、考え方や性格に大きな差があります。男性はなかなか恋人の気持ちを量ることが難しいかもしれません。

特にケンカになると、男性から見て女性の怒りは凄まじく、圧倒されてしまうこともあるでしょう。彼女の怒りがなかなか収まらず、しまいには男性の方で、疲れてどうでもよくなってしまうこともしばしば。でも、その面倒くさそうな態度が彼女の癇に障り、結局火に油を注ぐ結果に。

男性にはない女性の微妙な心理を理解しなければ、いつまでも同じことを繰り返してしまいます。まずは女性と男性、怒りに関する両者のとらえ方の違いから見てみましょう。

まず男性は、ケンカや争いについて結論があいまいなままでも別段気にしない傾向があるようです。一方、女性はその場で結論が出なければ気が済みません。うやむやにしてその場を収めようとする男性の態度は、女性にとって不誠実極まりないことなのです。

では、女性はケンカの際、男性に何を求めているのでしょうか。もちろん争いの原因を解決したいという気持ちもありますが、共通して言えるのは「相手にも自分と同じような感情に動かされてほしい」という気持ちです。自分が悲しんでいるのなら、相手にも同じように悲しんでほしいのです。しかし男性はしばしば、泣きじゃくる女性を必死になだめようとし、それがさらに女性の怒りを駆り立てます。「冷静になれよ」などという言葉がくわわれば、最悪です。女性の怒りを止めることは至難の業でしょう。

そこで提案したいのは、「思い切って自分も泣いてみる」です。あるいは怒り狂う相手には、こちらも怒りで対しましょう。互いの感情をぶつけ合うことで、女性の方でも思いのたけを解放でき、気持ちをラクにすることができるはずです。

悲しみには悲しみを、怒りには怒りをという態度は、ある意味で非常に誠実な態度なのです。

アドバイス

思い切ってあなたも怒りをぶつけてみましょう

人が頼みごとをよく聞くのは
ご機嫌もしくは罪悪感のあるとき

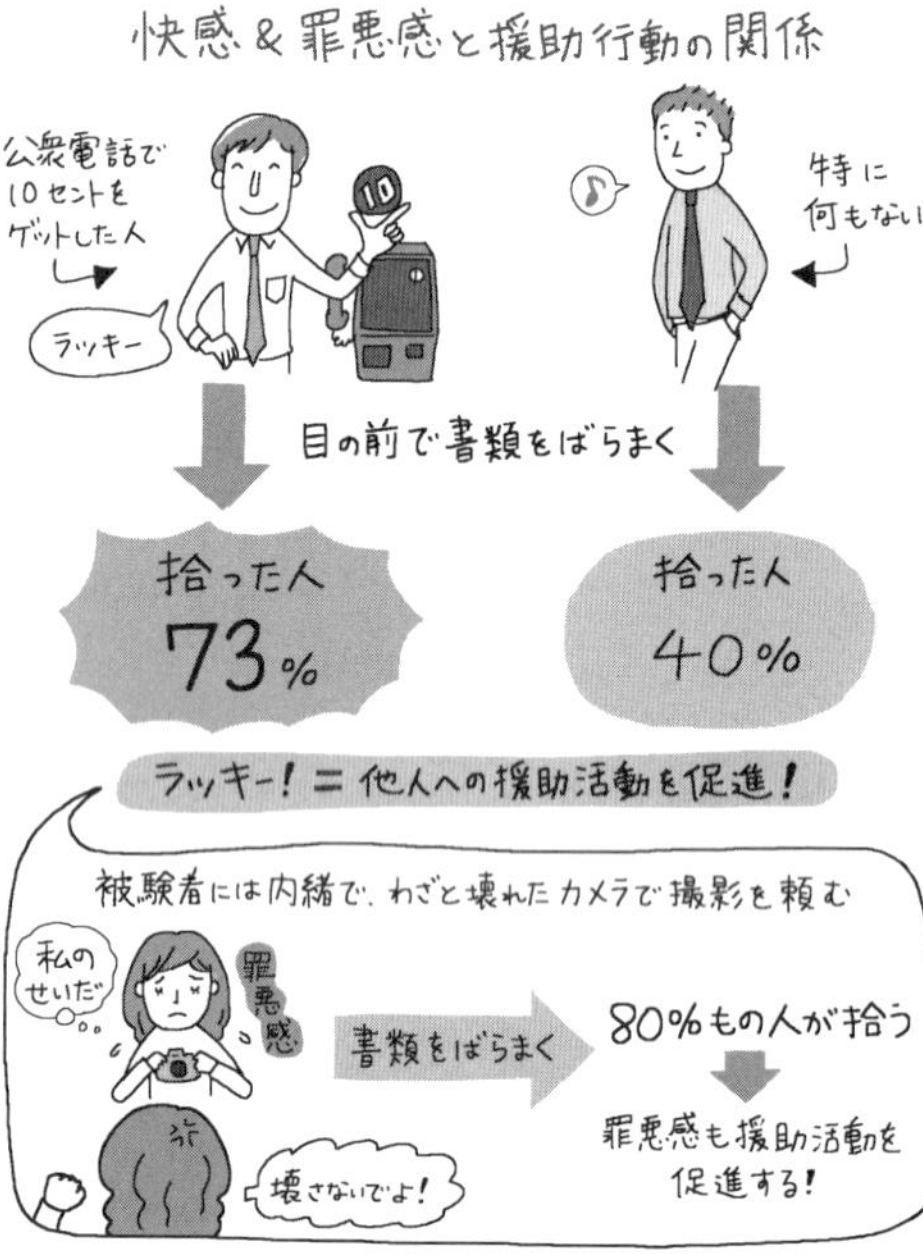
快感＆罪悪感と援助行動の関係
公衆電話で
10セントを
ゲットした人
ラッキー
特に
何もない人
目の前で書類をばらまく
拾った人
73%
拾った人
40%
ラッキー！＝他人への援助活動を促進！
被験者には内緒で、わざと壊れたカメラで撮影を頼む
私の
せいだ
罪悪感
書類をばらまく
80%もの人が拾う
罪悪感も援助活動を
促進する！
壊さないでよ！

快感情を得ると援助行動が促進される

とあるショッピングセンターの前にある、何の変哲もない公衆電話ボックスを舞台に、ある実験が行われました。実験を試みたのはカニンガムというアメリカの心理学者で、この電話ボックスをたまたま利用した事情を知らない第三者が**被験者**（①）となります。

このとき、電話機の返却口には10セントコインを置いておきます。すると、電話を利用した不特定多数の人の中には、コインがあることに気付いて手に取る人が現れます。そのタイミングで、書類の山を抱えた人が前を通りかかり、手に持った書類をすべて落としてしまったとしたらどうなるでしょう。

結果、10セントコインを見つけた人の実に73パーセントが、書類を拾うのを手伝ったというのです。返却口に何もない状態でも、40パーセントの人が書類を拾ったそうですが、それにしてもこの差は驚きのひと言です。

カニンガムがこの実験を通して調べようとしたのは、**快感情**（②）は**援助行動**（③）を促進するか、否か。つまり、気持ちが浮き立っているときは、通常に比べて他人を助けたい気持ちになるかどうかということです。

①被験者
試験や実験を行う際、その対象となる人を指す言葉。一例を挙げると、新薬開発などにあたり、治験や臨床試験に参加して薬剤の投与を受ける者。

②快感情
喜びや共感など、人がプラスの感動を得たときに生じる肯定的な感情を、心理学の世界ではこのように呼ぶことがある。対義語は不快感情。

③援助行動
他者に利益をもたらすために行われる自発的行動を指す心理学用語。援助行動の規定因には、「個人的特徴」「心理的状態」「援助

思わぬ10セントを手に入れるという快感情を得た人々が、これを手に入れない人々より援助行動に積極的であったことによって、カニンガムの試みは明らかな成果を挙げたのです。

宝くじや競馬などが当たって予想外の収入がもたらされたとき、他人におごってまわりたくなる気持ちも、快感情が援助行動を促進する典型的な例です。仕事やテストの成績がよくウキウキしているときに、他人に対する接し方が自然に優しくなるのも、同じ理由によるものです。

罪悪感を解消するにはよいことをするのが一番！

快感情とはベクトルが正反対の、罪悪感を抱いている状態で、人は援助行動に対して積極的になりうるでしょうか。不思議なことに、これもなるのです。

これまでの経験を振り返ってみてください。何か悪いこと、もしくは他人に済まないと感じるようなことをしてしまった記憶は誰にでもあると思いますが、そうした行為の後で、自分の罪の意識を消すため、積極的によいことをしようとしたことはありませんか。

カニンガムは、前出の実験を行ったのと同じ現場で、もうひとつ

動機」「援助の原因帰属」が挙げられる。カニンガムの電話ボックスの実験は、このうち心理的状態が動機と考えられる。援助行動の研究は、1964年、ニューヨークで起きたキティ・ジェノヴィーズ殺害事件をきっかけに盛んになった。この事件では、38人の市民が事件を認知しているにもかかわらず、犯行が行われている30分間、誰も駆けつけず、かつ警察に通報しなかったとされる。研究の結果、この事件に際しては、自分以外の他者が近くにいると援助行動が行われにくくなる「傍観者効果」が働いたことがわかった。

の実験を試みました。通りがかった人にカメラを渡し、写真を撮ってほしいと依頼するのです。このカメラには実は仕掛けがあり、壊れてシャッターが下りないようになっています。ここが実験のミソになります。

このとき撮影を依頼した人には、頼んだ相手に不満を述べて去るよう仕向けます。あたかも、その人が壊したかのようにです。そうすると頼まれた人は、自分の責任でもないのにシャッターが下りなかったことに罪悪感を抱いてしまうのです。

ここで、やはり通りがかりの人に手に持った書類を落とさせてみると、80パーセントの人が書類を拾うのを手伝ったそうです。まさに、罪悪感が援助行動を促進する**情緒**（④）条件として機能した瞬間と言えるでしょう。

以上のことから、相手がウキウキしているとき、もしくは罪の意識にさいなまれているときの方が、人の援助を受けやすい、頼みを聞いてもらいやすいと言えます。

何だか相手の感情につけ込むようで、人が悪いことのような気がしますが、これらは処世術のひとつとして覚えておいても損はないでしょう。場合によっては、自分が逆の立場に置かれることもあるのですから。

④情緒
喜びや怒りなど、一時的・短期的な心の動きを一般に情緒というが、心理学では「情動」とすることもある。カニンガムの実験における快感情、罪悪感がこれに当たり、援助行動の動機となる「心理的状態」の一種である。

右上を見ながら考える人は細かく分析する理系タイプ

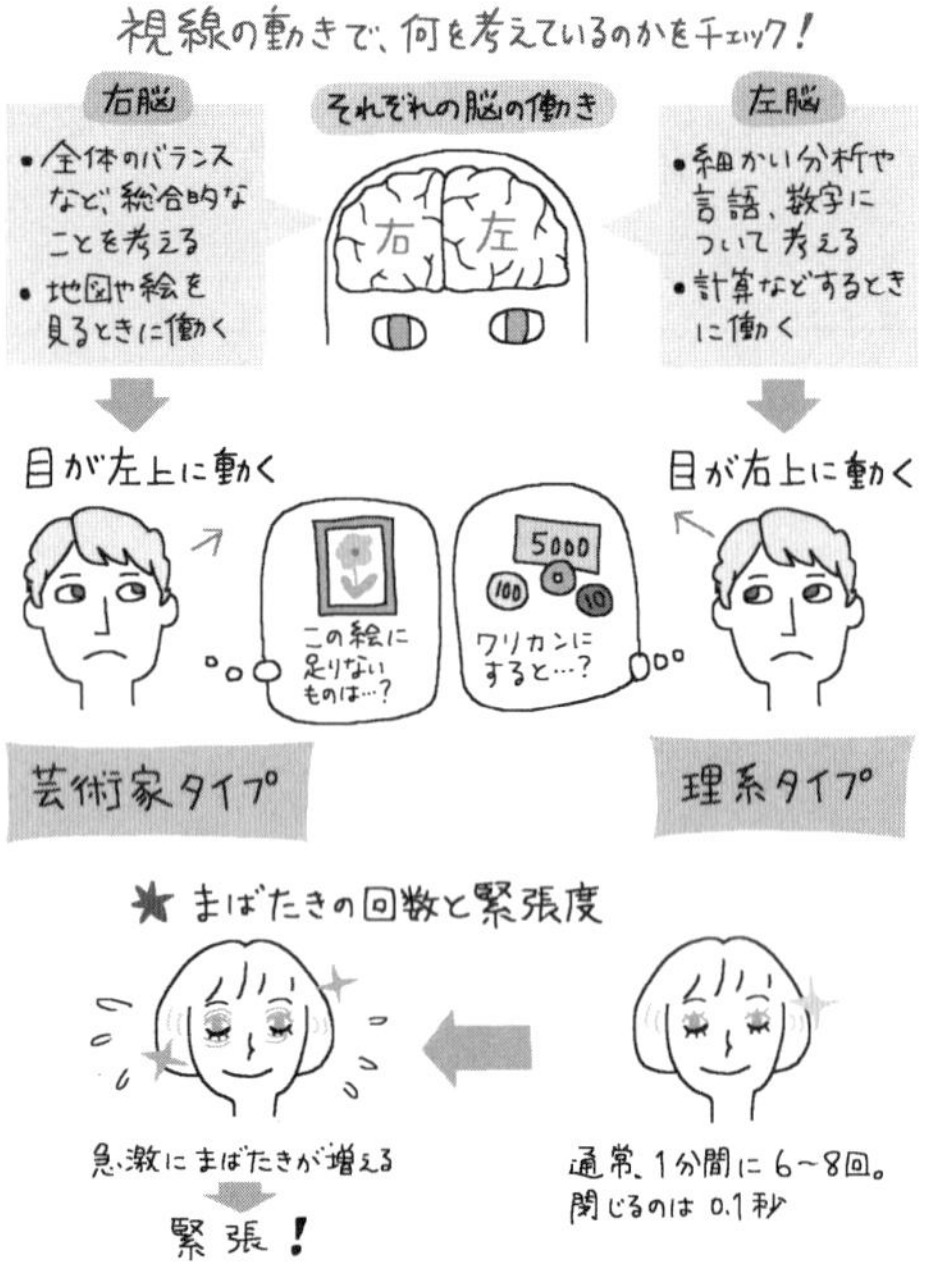
視線の動きで、何を考えているのかをチェック！
右脳
・全体のバランスなど、総合的なことを考える
・地図や絵を見るときに働く
それぞれの脳の働き
右
左
左脳
・細かい分析や言語、数字について考える
・計算などするときに働く
目が左上に動く
目が右上に動く
この絵に足りないものは…？
5000
100
10
ワリカンにすると…？
芸術家タイプ
理系タイプ
まばたきの回数と緊張度
急激にまばたきが増える
緊張！
通常、1分間に6〜8回。
閉じるのは 0.1秒

左上を見たら過去を、右上を見たら将来を思う

カウンセリングやビジネス、自己啓発などにも用いられる「**神経言語プログラム**（①）（NLP）」というテクニックがあります。

カリフォルニア大学に在籍していた**ジョン・グラインダー**（②）博士が、同大学心理学部の学部生リチャード・バンドラーの協力を得て体系化したもので、この中で紹介されている「**アイ・アクセシング・キュー**（③）」という理論によると、目の動きによって相手が今何を考えているかを知ることができるとしています。

たとえば、「目を上に向けているときは視覚的イメージを思い起こそうとしている」といった具合です。くわえて、左右でも意味合いが異なり、目が左に動いたときは過去を、右に動いたときは未来を想起しているとも言います。

以上を踏まえるなら、左上に視線をやっているときは過去のイメージを視覚的に思い返している、右上に視線をやっているときは、将来起こりうる、あるいは起こるかもしれない出来事を想像しているとみなすことができます。

目の高さにも意味があります。先述のように、上方は視覚的イメージにつながりますが、水平では聴覚（音）、下方では内的対話や

①**神経言語プログラム**　カリフォルニア大学に在籍していたジョン・グラインダー博士が、心理学部の学部生リチャード・バンドラーの協力を得て1970年代に研究を始めた心理学のテクニック。セラピーの世界で当時権威だった催眠療法のミルトン・エリクソン、ゲシュタルト療法のフリッツ・パールズ、家族療法のバージニア・サティアといった「3人の天才セラピスト」がもともと用いていたテクニックを分析、体系化したものだが、のちにその継承者たちによって発展していった。スポーツやビジネスをはじめとした多岐にわたる分野で活用されて

体感イメージにつながるとされます。

身近な人に、昔聴いた音楽について尋ねてみてください。その人が水平方向を左に目を動かしたとしたら、そのメロディを思い返していると考えられます。

以上はアイ・アクセシング・キューの一般的な例で、もちろん例外もあります。また、左利きの人では反対になることがあるとも言います。

ただ、いずれの場合も成人する頃には、その人なりの一定のパターンに落ち着くと言われています。したがって、コミュニケーションに応用するときは、まず最初に相手のパターンを把握することが必要になってきます。

論理的思考の持ち主は目を右上に動かして考える

ものを考えるとき、人は自然に視線を動かすことがわかりました。これを別の角度から研究する学者ギュアの発表によると、空間把握の課題に向かうとき人は目を左上に動かし、言語に関する課題に向かうときは目を右上に動かして考えるのだそうです。

ご存じのように、脳は左右の半球でその機能が異なります。それ

おり、ベトナム戦争やアフガニスタン紛争などに従軍した兵士たちのPTSDの治療にも用いられ、大きな成果を挙げている。

②ジョン・グラインダー
アメリカの言語学者。カリフォルニア大学サンディエゴ校（UCSD）で博士号を取得、その後、同大学サンタクルーズ校（UCSC）で言語学の助教授をしていたとき、同大学の学生だったリチャード・バンドラーと出会い、神経言語プログラム（NLP）の研究をスタートさせた。現在も世界中を飛び回り、NLPに関する講演などを行っている。

が、目の動きに反映されているのです。右脳は直感や空間的・総合的理解を、左脳は言語や計算、論理的思考を司る働きをしています。単純に左右で考えるなら、空間把握課題に向かうときは目を右に動かしそうなものですが、実際そうはならないのは、視神経が交叉しているためです。つまり、脳の働きと目の動きは逆になるのです。

左上に目を動かしているときは、直感的に思考している。右上に動かしているときは論理的・分析的にものを考えている。概ねそう考えると間違いはないでしょう。

これを一般的な例に当てはめるなら、目を左上に動かしてものを考える人は直感的、右上に動かしてものを考える人は論理的思考の持ち主と言えるかもしれません。

まばたきもまた、人間の心理状態をよく反映する行為です。まばたきは普通、1分間に6～8回程度行います。また、まぶたを閉じている時間は1回あたり0・1秒ほどとされています。これが、ストレス下では一気に回数が多くなり、慌ただしくなります。

もし、はた目に大したストレスがかかっていそうにない状況で、頻繁にまばたきを繰り返している人がいたら、その人はやや神経質なタイプの可能性があります。自分で自分に、つねにストレスをかけているのです。

③アイ・アクセシング・キュー
意識が視覚や聴覚、体感覚などにアクセスしているときの目の動きを指す。NLPの基本テクニックのひとつで、目の動きから他者の心理を読み取る際に用いられる。

洋梨体型の人は依存心が強く 逆三角体型の人は支配的な性格

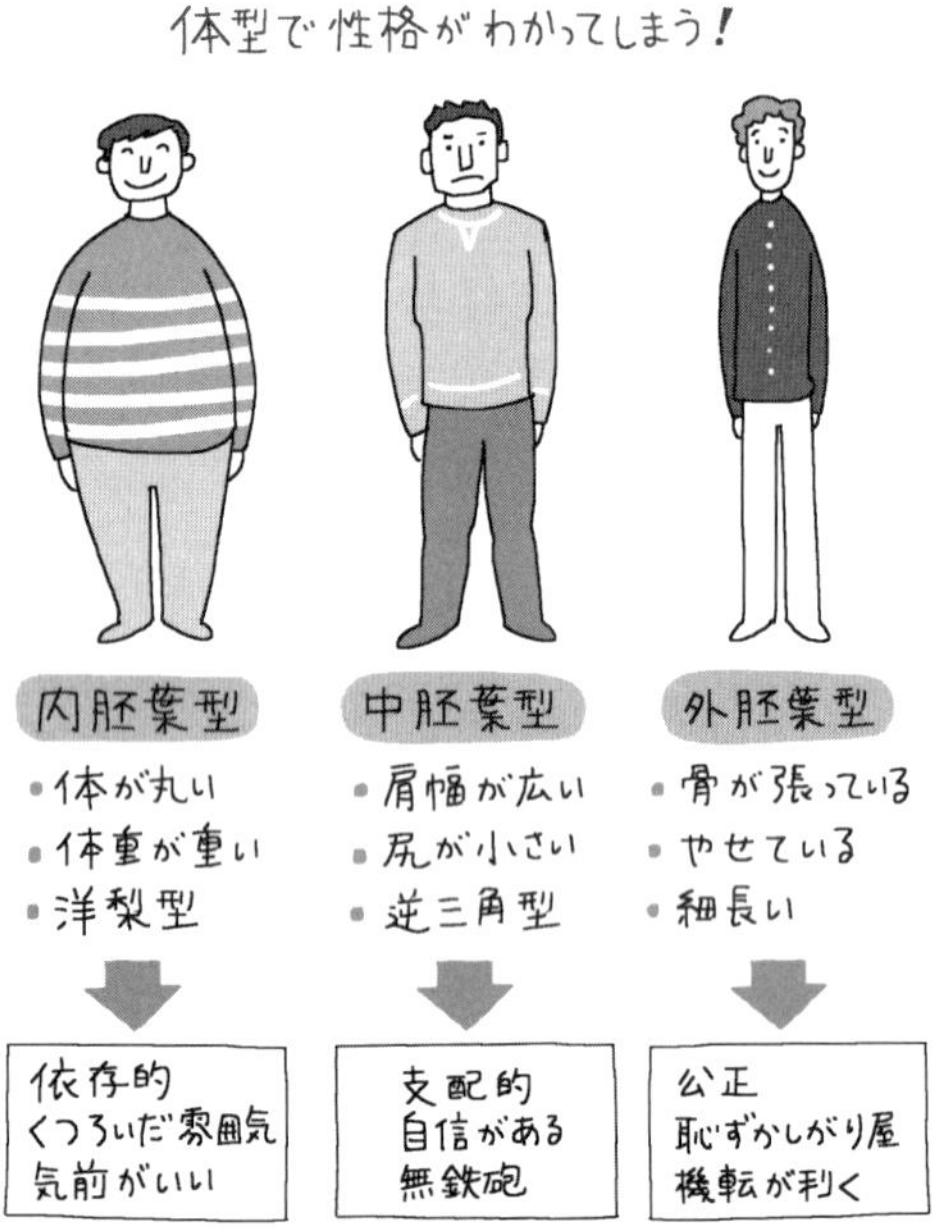
体型で性格がわかってしまう!
内胚葉型
・体が丸い
・体重が重い
・洋梨型
依存的
くつろいだ雰囲気
気前がいい
中胚葉型
・肩幅が広い
・尻が小さい
・逆三角型
支配的
自信がある
無鉄砲
外胚葉型
・骨が張っている
・やせている
・細長い
公正
恥ずかしがり屋
機転が利く

貧弱な体型の人は公正で恥ずかしがり屋

心理学の分野に、一定の法則性に基づいて性格を類型化する「**性格類型論**（①）」という考え方があります。このうち、体の形状に基づいて性格を分類しようとしたのが、ウィリアム・シェルドンです。シェルドンは、体には大別して3つのタイプがあるとしました。「**内胚葉**（②）型」「中胚葉型」「外胚葉型」です。

内胚葉型に分類されるのは、俗に「洋梨型」とも呼ばれるタイプで、ぽっちゃりとした楕円形の体型をし、多くの場合、体重が重い人たちです。

中胚葉型は肩が広く、お尻に向かって細くなる逆三角形の体型が特徴です。見るからに頑丈で筋肉質な、スポーツマンタイプの体型です。外胚葉型は痩せて骨張った、華奢な体格の人たちです。胸板は薄く、筋肉も発達が不十分な見るからに貧弱な体型をしたタイプです。シェルドンはさらに、以上の身体タイプにそれぞれ対応する3つの心理タイプを規定しています。順に挙げると、内胚葉型には「内臓緊張型」、中胚葉型には「身体緊張型」、外胚葉型には「頭脳緊張型」という心理タイプが対応するというのです。

ここで、内胚葉型の人に自己評価を行わせると、「依存的」「鈍い」

---

①性格類型論
性格類型論とは、人をある一定の法則に基づき分類することで、性格をとらえようとする理論。20世紀に入って発展を見せ、代表的なものに、エルンスト・クレッチマーの類型論がある。これは、シェルドンに先立ち、体型を気質との関係から「肥満型」「細長型」「闘士型」の3類型に整理したものである。肥満型は「躁うつ気質」で、社交的なときと憂うつなときが交互に出るタイプ。細長型は「分裂気質」で、非社交的だが善良なタイプ。闘士型は「粘着気質」で、几帳面で熱中しやすいタイプといったようになっている。心理学者

「社交的」「従順」「リラックスしている」といった言葉が並び、内臓緊張型の心理タイプと一致します。

中胚葉型は自らを「陽気な」「支配的」「精力的」「自信のある」「競争的」「自己主張」「短気」というように評価しますが、これも対応する身体緊張型に一致します。

残る外胚葉型も同様です。この身体タイプに分類される人が自己評価を行うと、「緊張」「細心」「敏感」「無口な」「不器用」「公正な」「内向的」といった言葉が並び、頭脳緊張型と一致することになります。

身体タイプに応じた性質を相手に期待する

ある身体タイプに分類される人が自己評価を行うとき、その結果が対応する心理タイプと一致する傾向があるというのがシェルドンの理論でした。

では、人が人を客観的に評価する場合はどうでしょう。やはりそこに、一定の心理的特徴を認めうるのでしょうか。

ある研究者が3つの身体タイプについて120枚のシルエット絵を被験者に見せ、その絵にいくつかの言葉を当てはめさせるといった実験を行いました。すると、内胚葉型では「年寄り」「短い」「思

のカール・グスタフ・ユングも類型論を考案している。人の心的エネルギーの方向から「内向」「外向」の2つの性格タイプを規定し、次に心理的機能に注目して合理的機能である「思考」「感情」、非合理的機能である「直観」「感覚」の4つのタイプに分類し、両者を組み合わせて合計8種類の性格類型があるとした。

②胚葉
多細胞動物の胚発生の初期に出現する細胞層。内胚葉、外胚葉、中胚葉の3つがあり、動物のすべての組織・器官を形成する。内胚葉が形成するのは、消化管の主要部分やそれに付

いやりがある」「弱気」「怠惰」などといった言葉が選択される結果となりました。

同じように中胚葉型では「背が高い」「若い」「強い」「冒険心がある」「男らしい」「成熟している」などが、外胚葉型では「神経質な」「野心がある」「物静かな」「難しい傾向がある」「男らしくない」などが選ばれたと言います。

このことからわかるのは、人は身体形状に基づいて、他者の心理判断をしているということです。

ここで、興味深い研究結果があります。人は他人とコミュニケーションを取ろうとするとき、身体タイプに応じた性質を相手に求める傾向があるということです。

たとえば、内胚葉型の人に、のんびりした社交的な性質であることを期待するといったものです。不思議なことに、このとき評価された側も期待に応えて、評価されたタイプの人間としてふるまおうとする傾向があるそうです。

本来、様々な要因がからみ合って人間のパーソナリティは構築されるものですが、身体タイプと心理タイプという単純化された分類がそれなりにしっくりくるのは、こうした相互作用の働きが根底にあるからだという説もあります。

属する分泌腺、呼吸器など。外胚葉が形成するのは、皮膚や毛髪、感覚器など。中胚葉が形成するのは、筋肉や骨格、循環器系、泌尿器・生殖器系などである。シェルドンはこれを踏まえて、身体タイプを3つに類型化したのである。

椅子に深々と座ってけだるそうな人はセックスをしたがっている

身体の動作が感情を表す！
腕を抱え込む
自分を守りたい
腰が動かない
性的な気分になっていることを気付かれたくない
肩がすくみ、手のひらが上向き
受け身でいたい
体が硬い(♂)・背がまっすぐ(♀)
圧迫感による不安を和らげたい
深く座り、けだるげ
性的なことがしたい
落ち着きがない、上下動
無力感があり、援助をしてもらいたい
腕＝自己保身、足＝性的関心、胴体＝不安を表すことが多い

ちょっとした足のしぐさが異性への関心を物語る

椅子の座り方で、その人の心理状態がわかるというのは、よく言われることです。一般に、浅めに椅子に腰をかけているとき、その人はやや緊張している状態であるとされます。仕事の席や、恋人との初デートなどでよく見られる姿です。

反対に、深めに椅子に腰かけている場合、それはかなりリラックスした状態と言うことができます。友人や、親しい異性とくつろいで会話しているときなどに見られる姿です。

このように、心理学の世界では、姿勢やしぐさからその人の心理状態を読み解くといった試みが再三行われてきました。中でも心理学者アーガイルはいくつかの研究を通し、腕・足・胴体が形作る特定の姿勢やしぐさが、ある感情を表出させるというデータを発表したのです。

たとえば、腕を抱え込んだ状態は自己防衛を、硬く胴を縮めている様子は身体を損なうことへの恐れを表すといったものです。言われてみると、思い当たることがあるのではないでしょうか。

このように腕の動きは自己保身にかかわる傾向が強いとされます。感情は腕だけでなく足にも表れます。足のしぐさが物語るのは、多

①性的抑制
性的な欲求や、そうした欲求がセックスアピールとして表れることに対してかかる心理的なブレーキ。

②援助要請
基本的には、助けを求めるといった文字通りの意味だが、アーガイルの例では置かれている状況から逃れたいという気持ちの表出と考えることができる。たとえば、親に長々と説教されているとき、そのシチュエーションから一刻も早く抜け出したい、誰か何とかしてくれという気持ちが、上下運動や落ち着きのなさといったジェスチャーに表れているという意味。

くの場合、異性への関心です。座っているときに女性が足の交差をわざと露わにしているのは、誘惑的な気持ちになっている証拠です。明らかに男性の目を意識したしぐさですね。

ところが、足を膝のところで交差している場合は、これも自己防衛の気持ちの表れとされるので注意が必要です。男女ともに、腰の動きが見られないときは、**性的抑制（①）**がかかっている状態とされています。

胴体（身体）には、主に不安に関連する心理状態が表れます。男性がこわばった硬い振る舞いをしている、女性が取り澄ましたまっすぐな姿勢を取っているのは、制縛的な不安にさいなまれているときです。体が上下運動するなど落ち着きのないしぐさを見せているときは、**援助要請（②）**や無力感の表れです。

もうひとつ、興味深いデータをお教えしましょう。あなたの前にいる異性が、椅子に深々と座ってけだるい様子を見せていたら、それはまさに性的衝動が表出しているとき。二人の関係次第では、セックスをしたがっているサインとも言えます。そこから先は、あなたのリード次第です。

③観衆効果

会社勤めをしている人が、週末などに家に仕事を持ち帰ったとき、オフィスにいるときに比べて格段に仕事の能率が下がることがある。これは、他人の目がなくなったことが原因で、逆に言うとオフィスにいるとき仕事の能率が高まるのは、上司や同僚たちの目があるからと考えられる。これが心理学で言うところの観衆効果で、塾や予備校に通うことが、知識の単純な獲得以上に、学力向上に結び付くのも同様である。プロのアスリートなどが、自分を見つめるたくさんの視線を自ら意識することでパフォーマンスを高めるのも同じ効果

カップルが路チューするのは人に見せて盛り上がるため？

恋愛ドラマや映画のクライマックスで、主人公の男女がキスをする。それも公衆の面前で、周囲に見せつけるようにするシーンは、もう定番と言ってよいでしょう。ただし、これをフィクションの中の出来事として片付けてはいけません。町中で人目をはばからずにキスをするカップルは、今や現実にいくらでもいるのです。

そもそも、これは異常な行為なのでしょうか。フランスに代表されるヨーロッパ各地、アメリカ、香港などでは、そのような光景を見るのは日常茶飯事です。町中でカップルが立ち止まっていきなりキスをしたところで、びっくりして足を止める人はほとんどいないでしょう。これが日本となると事情が違ってきます。

キスしているカップルがいるとつい目をやってしまう（もしくは、目を背けてしまう）。キスしている方も、他人の視線があることを意識している。双方、こうした心理状態が普通です。ここで見られる側の心理として働くのが**観衆効果**（③）です。

他者に見せることで互いの愛情を担保し、**コミットメント**（④）を高めているのです。ここが、ヨーロッパなどで見られる、純粋なコミュニケーションとしてのキスと違うところかもしれません。

による。

④コミットメント
約束や義務といった意味で使われることが多いが、ここではキスする当事者同士の「かかわり合い」といったニュアンスで用いられている。

今回のお悩み

「友達が少なく、家族にも『内向的な性格を直せば?』と言われます」

友達をだます敵フレネミーに注意

人のあり方に正しさも間違いもありません。たしかに素晴らしい友人がいれば、人生はより豊かなものになるでしょう。しかし友人とは無理して作るものではありません。「友達になろう」と思ってできた友達と付き合っていても、ストレスがたまるだけです。

実は最近、「フレネミー」と呼ばれる用語が話題になっています。これは友人(friend)と敵(enemy)を合体させた造語。その名の由来通り、友達のふりをした敵のことを示します。

表面上は仲よく振る舞っていても、内心では密かに相手の不幸を願っている。あるいは相手の失敗にほくそ笑んでいる。そのような存在です。友人になっても得られるものはありません。やはり友人ができるかどうかよりも、日々を気持ちよくストレスフリーで生きることの方が大切です。

さて、相談者の悩みの中に家族から「内向的だ」と性格を否定的に指摘された旨が記されています。しかし内向的というのは、果たしてそんなに悪いことでしょうか？

どちらかと言えば、一般的なイメージが悪すぎるのではないでしょうか。内向的な人というのは、物事の価値を自分で決める力を持っている人のことです。単なる消極的な性格とは違うのです。自分の価値基準に従って生きているから、そう簡単には他人の言葉に賛同しませんし、人からは「難しいやつ」と思われるかもしれません。

つまり自分のことを自分で肯定できる人のことなのです。

他人の言う意見に合わせて自分をコロコロと変える軽薄な人よりは、よっぽどよいでしょう。

ただしひとつアドバイスがあるとすれば、あまり何でもかんでも白黒つけようとするのはやめた方がいいということです。自分の価値基準を外部にも当てはめようとするのはやりすぎです。物事に白黒をつける人はストレスをためがちであることが、心理学的に明らかになっています。

おおらかにすごしましょう。

アドバイス

内向的であることは自分の価値観を持っている証拠です

CHAPTER 2

相手の心理を見抜く

相手にどう思われているのかわずかなサインから「見抜く」

何気ない言葉
◎相手の男性が一人称を多用する
→自分に気がある?
◎実際の身長より低く見られる
→見下されている?
etc.

相手にどう思われているのかによって、コミュニケーションのあり方は、大いに異なってくるものです。

相手が自分に好意的であれば、少々無理を言っても耳を傾けてくれるでしょう。逆に嫌悪感を抱かれていれば、何を言っても聞く耳すら持ってもらえない可能性があります。当然、接し方にも注意が必要になってきます。

そこまで極端でなくても、心の壁が存在する場合や相手があなたを下に見ている場合、必要以上にフランクな態度を取ることとは得策とは言えません。

ふとした行動

◎遠く離れて座られる

→あまり好かれていない?

◎メールの文章が長くて頻繁

→信頼されている?

etc.

ささいなしぐさ

◎相手の肩が斜めに落ちる

→好意を抱かれている?

◎自分の発言後、相手が額をこする

→不快にさせている?

etc.

また、基本的には嫌われていなくても、あるいはむしろ好かれていても、あなたの発言で相手を不快にさせてしまうこともあるでしょう。ときには、怒りを禁じえない場合も。それに気付かず調子に乗っていると、取り返しのつかない亀裂が生じかねません。相手がニコニコしているから大丈夫、というのも楽観的すぎます。愛想笑いに安心して不遜な態度を取っていると、後で手痛いしっぺ返しを食らったり、急にキレられたりする危険度は増す一方です。さらに、相手があなたのことを理解できず不安を抱えているのに気付かず、ケアしないまま接するのも避けるべきでしょう。とてもじゃないけれど、「また会いたい」と思ってもらえるはずもありません。

誠実に見られているか否かでも、コミュニケーションの取り方は変わってきます。相手にどう見られているかによって、たとえあなたの言動が同じでも、その印象や解釈はよくも悪くもなりえるものです。

コミュニケーションを取る相手が抱いている印象、そしてあなたに抱いている感情。これらを見抜くサイン——何気ない言葉・ささいなしぐさ・ふとした行動を、この章では紹介していきます。

名前を呼んでもらえないのは相手に嫌われているから!?

5カ月後…
名前を呼び合わないカップル
……
……
86% 別れる
自分の人気度 簡単チェック!
10人中2人にしか
名前を呼ばれない
10人中8人から
名前を呼ばれる
ねえ
ちょっと
×××さん
あのさ
嫌われてる…?
○○くん
○○さん!
○○○!
人気者!

好意を持っている相手は自然に名前を呼びたくなる

あなたは、周りの人から名前を呼ばれることが多いですか？　それとも、名前を呼ばれずいきなり用件だけ話しかけられることが多いですか？

こちらが相手を好ましく思っていても、相手が同様に思ってくれているかどうかはわかりません。そこで、名前を呼ばれるかどうかが、相手が自分をどう思っているかの手掛かりとなります。

主語や目的語を省略（①）しても通じやすいのが日本語の特徴。したがって、相手の名前を省略しても、多くの場合、意味が通じてしまいます。とは言え、話しかけてくる相手があなたに好意を持っているとしたら、名前を呼びたくないはずはありません。

好意を抱く相手の名前を口にしただけで快感情が生じた経験は、誰しも覚えがあるのではないでしょうか。

同時に、名前で呼びかけられた方も、自分が不特定多数の中のひとりではない、一個の人格として認められたようで、嬉しい気分になるものです。

呼ばれるのが姓なのか下の名前なのかでも、かなりイメージは違ってきます。言うまでもないことかもしれませんが、下の名前で

---

①主語・目的語の省略
世界中の言語には、主語を省略できるものとできないものがある。英語やフランス語、ドイツ語などは、原則としてすべての文に主語が必要とされる一群である。英語の場合、よく例に用いられるのが「It rains」で、「rains」だけで「雨が降る」という意味を持つにもかかわらず、「It」という形式主語を置かなければならない。ただし、会話（口語）の中では、意味が明白であれば、省略が行われるケースもある。一方、イタリア語やスペイン語は、動詞の形態から主語の人称が推定できるので、主語が代名詞の

呼ばれる方が、より相手との関係が親密なイメージがあります。

たとえば、あなたの友人関係を思い返してみてください。姓で呼び合っている相手とは、名前で呼び合っている友人と比べて、やや距離感を覚えませんか。

これが異性間では、より顕著な違いとなって表れます。最近はいくらか変わってきているようですが、よほど親しい関係になっていない限り、今でも異性同士は姓で呼び合うケースが多いのではないでしょうか。そういう状況で、これまで姓で呼んでいた相手に対し、あるとき名前で呼びかけることは、親密さを増したいというサインにもなります。

恋人たちが別れた瞬間、相手を名前で呼びづらくなる心理を想像してみてください。下の名前で呼び合うのが親密さの表れということを、改めて理解していただけるはずです。

別れるカップルは互いを名前で呼ばない!?

カリフォルニア大学（②）のチャールズ・キング博士による、興味深い報告があります。

博士が55組のカップルを対象にリサーチしたところ、お互いに相

場合には省略が許される。日本語やラテン語などの言語は、文脈から明らかであれば、主語にとどまらず目的語の省略も可能である。

②カリフォルニア大学 アメリカでも最大規模を誇る州立大学。カリフォルニア州オークランドに本部を置き、もっとも古い歴史を持つバークレーを筆頭に、ロサンゼルス、サンディエゴなど、10のキャンパスを有する。国会図書館に次ぐ蔵書量の図書館群に、研究機関も充実しており、これまでに20名を超えるノーベル賞受賞者を輩出した。

手の名前を呼び合わないカップルのうち、実に86パーセントが調査から5カ月間のうちに別れていたというのです。

　相手の名前を呼ぶことが親しさを表す、愛情を確認し合うきっかけになるとしたら、その機会を放棄することは、愛情を放棄することにもつながるということなのでしょうか。

　試しに、あなたが一日のうち、どれくらいの割合で名前を呼ばれているかカウントしてみてください。

　もちろん、周囲が知らない人ばかりでは意味がありませんから、職場や学校など知り合いの多い場所で確認してみましょう。親しさの表れとして用いられるなら、名前でなく**ニックネーム**（③）でもかまいません。

　ここで、たとえば10人のうち7～8人の割合で名前を呼ばれたとしたら、あなたはきっと周囲の人々と良好な人間関係を築き上げているに違いありません。一方、これが2～3人となると、自分の態度に何か問題がないか反省してみる必要があるでしょう。

　ひとりも名前で呼んでもらえなかった人は、かなり深刻です。根本的に対人関係がうまくいっていない証拠ですから、今すぐにでも改善の努力を始めないと、今いる職場もしくは学校は、あなたにとってこの先、とても息苦しい場所になってしまうかもしれません。

③ニックネーム
英語のような規則性はないが、日本でも「木村拓哉」を「キムタク」、「新垣結衣」を「ガッキー」というように、ニックネームの付け方は本名からの派生が基本である。交友関係の発展段階では、ニックネームで呼ばれるようになることが、親密さが増した目安となる。

遠く離れて座られると嫌われている可能性あり

好きな場所に椅子を動かしてよいと言われると・・・
近い
気楽な人
ちょっと苦手な人
遠い

相手の姿勢でわかる気持ち
おもしろい話だなあ
嬉しいなあ
ずっと一緒にいたいよ
つまらない話だなあ
部屋の温度が合わないよ
早く帰りたいなあ
身を乗り出している場合
身を引いている場合

2人の間の物理的な距離は心理的な距離に比例する？

電車やバスの中で、隣にコワモテの人や不潔な格好をした人が座ったとき、思わず反対側に身を寄せてしまったことはありませんか。会社の宴会で、近くに苦手な上司や同僚が座ったとき、思わず椅子を引いてしまったことはありませんか。人は本能的に、苦手意識のある人、嫌悪感を抱かせる対象から距離を取ろうとするものです。これは虫が苦手な人が、虫を見て思わず後ろに飛びのいてしまう心理と同じです。その虫に害があるかどうかは関係ありません。**生理的嫌悪感（①）**が、その人を動かしているのです。

このように、心理的距離が物理的距離に比例するものなら、目の前にいる人とあなたとの物理的な距離を測ってみれば、互いが相手にどんな感情を持っているかわかるということになります。カリフォルニア大学のデール・ロット博士が行った実験は、まさにこの考えを実証するものでした。

ロット博士は2人の被験者に対し、事前に好きな位置に椅子を動かしてかまわないと告げた上で、互いに向き合っておしゃべりをさせたのです。すると、気楽に話せる相手の場合は椅子を近付けたのに対し、苦手意識のある相手の場合は椅子を後ろにずらす人が多く

①生理的嫌悪感
汚れている、見た目が不快だといったように、生理的に受け付けないものに対して生じる嫌悪感。生理的とあるが、本能から発するものだけでなく、社会規範や経験が生じさせるものもある。

②パーソナル・スペース
4つのゾーンを以下に詳述する。まず、「密接距離」は、45センチ以内とされる。容易に身体的接触を行いうる距離なので、このゾーンに立ち入ることが許されるのは、恋人や家族、ごく親しい友人に限られる。「個体距離」は45センチ〜1・2メートル。手を伸ばせば届く範囲で、友人など

見られました。

以上のことを踏まえると、もしあなたの前に座っている人があなたに好意を持っているなら、おそらくテーブルにお腹が密着するほどに身を乗り出してくるに違いありません。

反対に、あなたが嫌われているなら、相手は椅子を引いて距離を取ろうとするでしょう。仲間うちでは、嫌いだからといってそこまで露骨なアクションを見せる人は少ないと思いますが、当事者であるあなたには、意識していればそうとわかるはずです。

相手が身を乗り出す、もしくはそのようなスタンスを見せている場合、まず間違いなくその人との間に良好な関係を築くことができます。それがプライベートの場で、相手が異性だとしたら、恋のきっかけになりえますし、ビジネスの場であれば、きっと商談はうまくいくことでしょう。

相手が椅子を引いたり、上体をそらしてあなたから少しでも離れたいという素振りを見せたときは、残念ながら緊密な関係の構築には高い壁が立ちはだかっていると考えるべきです。相手を恋愛やビジネスのパートナーにしたいなら、相当な困難が予想されるだけでなく、ただその場を盛り上げるといっただけでも、ひと工夫もふた工夫も必要になってきます。


とリラックスして会話するときのゾーンだ。「社会距離」は1・2～3・5メートルで、会社の同僚や商談相手、宅配便の配達員などと会話をするときの距離。これくらいになると、表情は見えても身体接触はまず起こりえない。「公共距離」は3・5メートル以上。社会的に地位のある相手と公式な場で対面するときの距離で、講演における講演者と聴衆のように、多人数を相手にやり取りする距離でもある。

③内向的・外向的
心理学者のユングは、主観的にものを考え、関心が自分の内側に向かう気質を持った人を内向的、外的事実を基

パーソナル・スペースが測る目の前の相手との親密度

心理的距離が物理的距離に比例することを、心理学的に説明する**「パーソナル・スペース（②）」**という概念があります。これは、人それぞれが持つ心理的な縄張りのことで、端的に言うと、他人が侵入すると不快感を覚える空間のことです。

パーソナル・スペースの広さは、必然的に相手との心理的な距離によって異なり、関係が親密な順＝範囲が狭い順に、密接距離（インティメットゾーン）、個体距離（パーソナルゾーン）、社会距離（ソーシャルゾーン）、公共距離（パブリックゾーン）の4つに大別されます。

パーソナル・スペースは、一般に**外向的**な人ほど狭く、**内向的**な人ほど広くなる傾向があります**（③）**。また、ウソをついているときは、後ろめたさも手伝って通常より広がるケースもあるようです。相手のパーソナル・スペースを的確に把握することは、対人関係では特に重要な意味を持ってきます。

物理的距離の取り方を見て相手の好意のほどを判断することとともに、コミュニケーションをスムーズにするためには必須の知識と言えるでしょう。

準に客観的にものを考え、関心が自分の外側に向かっている人を外向的と定義した。内気な人を内向的、話題豊富で社交性のある人を外向的というが、これは元来の気質が行動として表出したものにすぎない。

身長を低く見積もるのは相手を見下している証拠!?

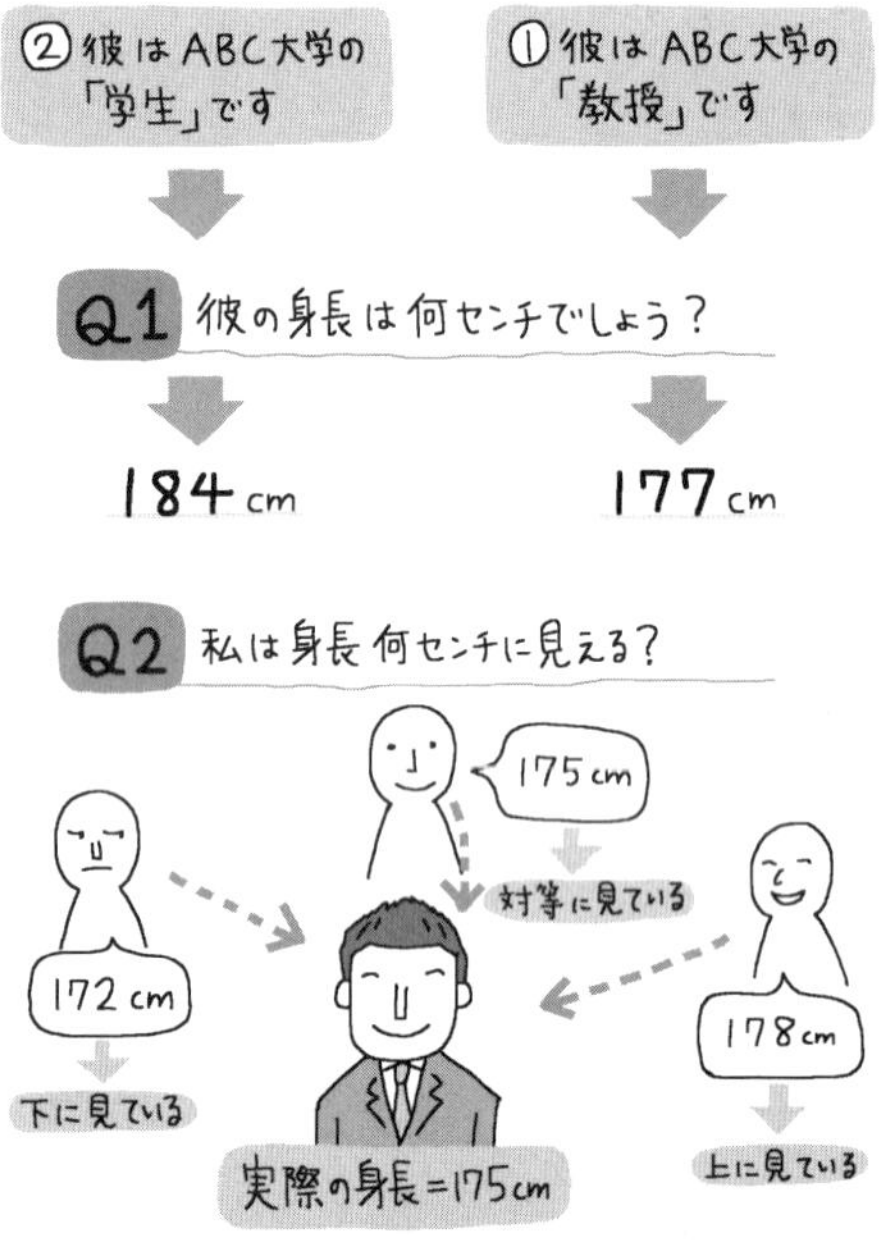
②彼はABC大学の「学生」です
①彼はABC大学の「教授」です
Q1 彼の身長は何センチでしょう？
184cm
177cm
Q2 私は身長何センチに見える？
175cm
対等に見ている
172cm
下に見ている
178cm
上に見ている
実際の身長＝175cm

肩書きひとつ違うだけで推定身長も大きく変わる！

初めに、**オーストラリアン・ナショナル大学**（①）のポール・ウィルソン教授が行った、ある実験を紹介しましょう。

あるとき、ウィルソン教授が、ひとりの人物をゲストとして教室に招き入れました。そして、講義に参加している学生たちに対して、その人物が**ケンブリッジ大学**（②）の「教授」であると紹介しました。その後、彼が立ち去った後で身長がどれくらいだったか学生たちに質問したところ、184センチというのが平均的な回答でした。

教授は次に、別のクラスに同じ人物を招き、今度は彼をケンブリッジ大学の「学生」と紹介しました。そして、今度も同じように彼の身長を尋ねたのです。驚いたことに、返ってきた答えは平均して177センチというものでした。

同じ人間でも、肩書きひとつで相手の受け取る印象が変わってしまうことが、**権威を引用**（③）したこの実験で確かめられたのです。

生徒たちは、ケンブリッジ大学の教授という権威を心理的に上に見ており、その結果が身長の推定にも反映されたのです。

---

①オーストラリアン・ナショナル大学
オーストラリアの国立大学で、首都キャンベラにある。南半球を代表する大学で、特に研究リサーチの分野で高い評価を得ている。

②ケンブリッジ大学
イギリスのケンブリッジにある総合大学で、ライバルのオックスフォード大学と双璧を成す、世界的に見ても名門校。したがって、名称自体が世界に通用するブランドとなっており、ウィルソン教授が実験で引用した「ケンブリッジ大学の教授」というのは、特に欧米人にとっては、日本で「東京大学の教授」と言う以上の重みを持っ

実際と推定の誤差が大きいと明確な上下関係がある？

ウィルソン教授の実験は、日常生活にも応用が利きます。ある人が自分のことをどう思っているかを知りたいとき、相手に自分の身長を推定してもらうのです。

たとえば、あなたの実際の身長が170センチだとします。そこで、相手の答えがこれより低かったとしたら、残念ながらあなたはその人に見くびられていると考えるべきです。反対に、170センチより高い数字が返ってきたとしたら、相手はあなたのことを尊重しているとみなすことができるでしょう。

このとき、実際の身長との差にも着目します。誤差が少なければ、相手はある程度誠実に答えてくれたと考えることができます。誤差が大きいときは、相手があなたとの間に明確な上下関係を意識しているケースがほとんどです。

身長を実際よりかなり高く見積もる裏には、あなたを尊重すべき対象とみなす心理が隠されています。逆に身長を低く見積もるのは、あなたを見下す心理からくるものです。

もちろん、以上は基本的な考え方にすぎません。実際の場面では、様々な理由から心理的な操作が行われ、最初の印象が少なからず修

ている。チャールズ・ダーウィン、フランシス・ベーコン、アイザック・ニュートン、スティーヴン・ホーキングなども同大学の卒業生である。

③権威の引用

通信販売などで、「○○大学の教授」といった肩書きを持つ人物が推薦の言葉を寄せていると、実際の品質を問うまでもなく、その品物が素性の正しいもののように思われてくる。言わば「箔ヅケ」だが、このように人間は本来的に権威に対してなびきやすい性質を持っているため、権威の引用はビジネスの現場に限らず、あらゆる場面で見ることができる。権

正されるのが普通です。一例を挙げるなら、数字そのものが持つ意味合いもそうです。

たとえば、身長が１７２センチの人が１７１センチに見られてもさほど腹は立ちませんが、１７１センチの人が１７０センチと言われると、少なからずムッとするはず。日本人の男性の平均身長は１７１センチ弱ですから、これを下回ることを嫌う心理が働いた結果です。

このあたりの心理は質問を受ける側にも理解できるため、パッと見の印象が平均身長に近い人に対しては、その人を傷つけたくない場合、１７１センチを数センチ上回るよう、文字通りゲタを履かせた数字を答えるとよいでしょう。ここで、平気で低い数字を口にするようなら、よほど相手をバカにしている証拠です。

似たような心理は、１６０、１７０などといったキリ数字を境にしても働きます。

男性にとって、１７０という数字は平均身長以上に重いもの。あなたが１７０センチをわずかに数ミリ上回る身長だった場合、質問を投げかけた相手が平気で１７０センチを大きく下回る数字を挙げてきたら、その人はとんでもなく鈍いか、あなたを相当見下していると考えられます。

威者の名前や言葉を聞くことで、内容に説得力が増すため、評論などでもテクニックのひとつとしてよく用いられる。「タレントの○○も使っている」「創業○○年」も権威を引用して箔ヅケを行っている例。

メールの文章が長くて頻繁！これは相手から信頼されている証

新規プロジェクトに参加した大学生のチーム

信頼の厚いチーム

信頼の薄いチーム

4週間チーム間でのメールのやりとりを調査

回数＝平均166回
メールの文章が長い

回数＝平均119回
内容も簡素

好きな人と嫌いな人について記述すると・・・

	平均語数
好きな人についての記述	131.35 語
嫌いな人についての記述	108.58 語

優しいね
仕事できるよね
みんなに気を使っているよね
とても明るい性格だね

好きな人についてはたくさん語る！

仲のよい人とのメールは自然に長くなってしまう

人の気持ちは、ささいなところに表れるもの。今や日常的なツールとなったメールひとつ取っても、相手が自分をどう思っているかのバロメーターになりえます。

思い起こしてください。仲のよい相手とのやりとりは、お互い長文になったりしませんか。そういった相手とは、やりとりの頻度も、返信するごとに増える傾向にありませんか。メール一通あたりの文章量と、やりとりの頻度は、お互いの親密さに比例したものになるのが普通なのです。

テキサス大学（①）のサルカ・ジャーベンパー博士は、あるとき「ネット上での新しいサービス業の企画を考える新規プロジェクト」と銘打って、参加者を募集しました。そして、応募してきた学生350名をいくつかのチームにふり分け、以後の4週間、彼らにメールだけでやりとりさせました。

すると、興味深い結果が得られました。メンバー間の信頼関係が厚いチームは、メールの文章が長く、やりとりの回数も平均で166回を数えたのに比べ、メンバー間の信頼の薄いチームでは文章が短い上に、やりとりの回数も平均119回と少なかったのです。

①テキサス大学
オースティンにメインキャンパスがある、アメリカの公立大学。略称はUT。アメリカでも有数のマンモス校で、オースティン校には5万人近い学生が在籍している。教育、研究実績ともに全米トップクラスで、大学院はかなりの難関。スポーツも盛んで、メジャーリーグで様々な記録を打ち立てた大投手ロジャー・クレメンス、平泳ぎの北島康介のライバル、ブレンダン・ハンセンも同大学の出身者である。

②非言語メッセージ
情報の伝達方法のうち、言語を除くメッセージ。表情や体の動き

仲がよい、あるいは親しみや興味を感じている相手には、自然にメールの文章が長くなります。内容はもちろん用件だけにとどまりません。自分のこと、相手のこと、ちょっとした雑談などを必ず書き加えるものです。

そうして、情報のキャッチボールがたくさん行われれば、より相手のことが理解できるようになるばかりでなく、もっと相手を知りたい、もっと語り合いたいという欲求さえ喚起され、やりとりの回数も増加するというわけです。

返答が短くそっけなかったら好意的ではない？

これが、信頼が築き上げられていないメンバー同士のメールでは、ほぼ用件のみのやりとりに限られてしまうものです。ときには、名前やアドレスを記した署名部分の方が本文より長くなるなんてこともあるかもしれません。

相手と近付きたければ、少しずつでも相手の興味をひけるよう、用件以外にも情報を盛り込み、送信のサイクルを縮めるなどといった努力をする必要があるでしょう。

自分が他人からどう評価されているかは、行動やしぐさといった

など。ジェスチャーや、サッカーブームを機に広く周知されるようになったアイコンタクトも非言語メッセージである。

③アルバート・メラビアン
カリフォルニア大学ロサンゼルス校の心理学名誉教授。1971年に、「メラビアンの法則」を発表した。これは、効果的なコミュニケーションを行うための要素には、「言語情報（話の内容など言葉自体の意味）」「聴覚情報（口調や声の質・速さ・大きさなど）」「視覚情報（見た目や話者の表情やしぐさなど）」の3つがあるというものである。感情メッセ

非言語メッセージ（②）を読み取ったり、先述のメールの長さなどから、ある程度は推察することができます。でも、それだけでは確信が持てないという人は、この際ですから、直接尋ねてみてはいかがでしょう。上司は部下に、部下は上司に、自分をどう評価しているか問いかけてみるのです。

どちらにしても、少なからずオブラートに包んだ答えが返ってくるとは思いますが、相手との関係がよほど悪くない限り、それなりに本音に近い意見が聞けることと思います。

このとき、返答の長さで、相手が自分を好ましく思っているか否かも判断することができます。答えが短くそっけなかったら、相手があなたに対して好意的ではない証拠です。内容にかかわらず、長い答えを返してくれた人は、あなたを好ましく思っているはずです。

カリフォルニア大学の**アルバート・メラビアン教授**（③）が行った調査では、好きな人について記述してほしいと要求すると、被験者は平均して131・35語を費やしたそうです。ところが、嫌いな人について記述してほしいと要求したときは、平均108・58語にとどまったと言います。

嫌いな相手に対しては、言葉も惜しむということが、ここでも確かめられています。

ージ（好意や反感）を送るコミュニケーションの実験で、このうち言語情報と、聴覚情報・視覚情報の間に矛盾が感じられた場合、受け手が順に7パーセント、38パーセント、55パーセントの割合で各情報を重視するという結果が得られたことから、「7－38－55ルール」の別名がある。

相手の女性の食が細いと好かれている可能性大

相手が満足しているかは食事の進み具合で判断！

取引先への接待など、人間同士が絆を深めるのは食事の場が一番。ただしこのとき、相手が不快感を持っていたら逆効果です。

食事中の相手がどのような心理状態にあるのか読み取るには、どうすればよいのでしょうか？

南アラバマ大学のクリステンセン博士らは98人の大学生を集め、半数の学生には幸せな場面を、もう半数の学生には悲しい場面を想像させる実験を行いました。続いて彼ら全員にお菓子やお肉などの食事を摂らせたところ、彼らの食欲は左記グラフのように示されたのです。

悲しい想像をした人の方が、幸せな想像をした人よりも半分以上低い値を示したことがわかります。つまり人は不快になると、食欲が低下する傾向にあるのです。

ただし食欲の低下は、別の心理状態の場合でも起こり得ます。それは気になる相手といるとき。心理学者のプリナーとチャイケンによる実験で、女性は男性と一緒に食事を摂る場合、相手が女性のときより無意識に食べる量を減らす

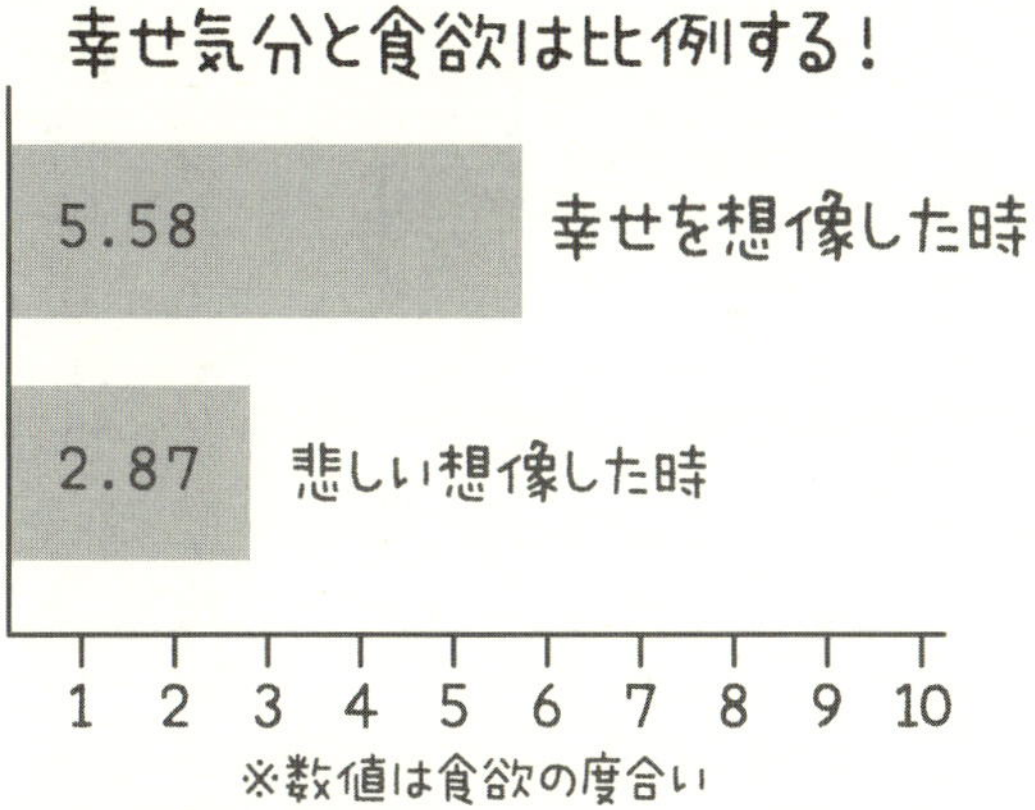
幸せ気分と食欲は比例する！
5.58
幸せを想像した時
2.87
悲しい想像した時
1
2
3
4
5
6
7
8
9
10
※数値は食欲の度合い

©2006 Christensen, L. & Brooks, A.

ことがわかったのです。

さらにその男性に魅力を感じている場合、食が細くなる傾向は顕著になりました。これは気になる男性に対して自分の姿をよく見せようとする行為で、**印象操作**（①）と呼ばれます。

①印象操作
相手への印象をよくするため、自分の能力を高く印象づけるためなど、様々な理由から人が無意識に行っている演技のこと。一見すると姑息な態度にも思えるが、サラリーマンが社内と社外で微妙に物腰を変える場合のように、人間はあらゆる状況に応じて印象操作を行っている。実際の自分よりもよい自分を「見せる」だけでなく、都合の悪い自分の姿を「見せない」のも、同じく印象操作に含まれる。

お悩み相談室

今回のお悩み

「好条件ばかり揃っているのに、どうしても株式投資で損してしまいます」

“負ける”理由が“勝ち”を呼ぶ！

残念ですが、この方は株式に限らず、あらゆる投資活動に向いていないようです。それは好条件、つまり「自分が勝つ理由」にばかり気を取られているからです。株式投資の経験者なら誰でも思い当たる節があるでしょう。「これだけの好条件が揃っているのだから、株価が上がるに違いない」と思っていても値を下げてしまうのが投資なのです。それでも株価の予想を的中させたいのなら、同時に「悪条件」、つまりはその株の価格が上昇しない根拠も探すようにすべきかもしれません。「上がる株」を探すためには一見無意味なようにも思えますが、これにはれっきとした調査が裏付けを与えているのです。

アリゾナ大学のJ・マハジャン教授は、学生を対象にタバコ市場の動向を予想させました。このとき、一方のグループには単に「どのタバコ会社の売り上げが上がるか」を予想するよう指示しただけでしたが、もう一方のグループには「自分の予想とは反対になる根拠も、集めるようにすること」

と指示を付け加えます。ある会社のタバコの売れ行きが上昇するだろうと予想したなら、同時に下降する理由も探しなさいということです。意識的にマイナス要因を探そうとすることで、その会社の考えもしなかった欠点を見つけ出すことがあるかもしれません。

さて、教授が学生に指示を出してから1カ月半がすぎました。前者の反対の理由を探す指示をもらわなかったグループの予想的中率が53・4パーセントだったのに対し、反対の理由も探すよう指示を受けた後者のグループでは61・9パーセントの学生が予想を的中させせました。

投資に必要なのは、その株を「選ぶ能力」以上にその株を「選ばない能力」ということでしょうか。リスク回避が勝利の糸口となるのです。

もしもあなたがどうしても好条件にばかり気が行ってしまうというのなら、ここはきっぱりと投資活動から足を洗った方が賢明です。

アドバイス

好条件ばかりに目がいくのは投資に適した性格とは言えません

一人称を多用する男性は相手の女性に気がある!?

★セリフから好みがわかる!?

オレとどっか行かない？
オレは仕事忙しいんだ
オレが注文するよ
オレはビールが好き
(主語なし)飲みに行かない？
最近忙しくて…
何か注文しよう
ビールおいしいなあ
お気に入り
特に興味ナシ

一人称を多用して積極的に自分を売り込む！

意中の人から食事に誘われたとします。それにはどういう意図が隠されているのか、とても気になるところです。相手も自分に気があるから誘ってくれているのか、それともただの友人として見られているのか……。

もちろんその答えを知るためには、相手に直接尋ねて確認するのが一番ですが、自分の勘違いだったらどうしようと考えると、なかなか切り出せないものです。こういうもどかしさは、誰でも経験があると思います。

直接尋ねなくても、相手が自分に気があるのかどうかを確認する方法はあるのでしょうか。実はあるのです。そのヒントは、何気ない日常会話の中に隠されていました。

冒頭の例を使って解説しましょう。あなたが女性だったとします。職場や学校などで、2人の男性から食事に誘われた際、

「一緒にご飯でも食べに行かない？」

と言ってくる男性と、

「〝オレ〟と一緒にご飯でも食べに行かない？」

と言ってくる男性なら、どちらの方があなたに対して、強いアピ

①一人称
「私は」「オレは」「僕は」といった自分自身を指す主語のこと。一人称を使うときは、自分のことを強調するときか、自分自身の話をするときが多い。好きな相手の気を引くためには、自分の魅力を伝えたいという欲求に駆られるので、どうしても一人称を多く使ってしまう傾向がある。

②一人称の多用
恋人関係になる以前は、一人称を多用して自己アピールをするものだが、恋が成就してしばらくすれば、一人称をあまり使わなくなる場合がある。常に恋人と時間を共にしていれば、自分自身のことを話す

ールをしていると言えるでしょうか。もちろん**一人称（①）**を入れてくる後者です。こちらの男性はあなたに対して、「自分」と一緒に食事をすることを強調しています。

つまり、積極的に自分を売り込んでいるということになります。自分を売り込むということは、相手に自分のことを知ってもらいたいという気持ちの表れです。その気持ちは当然、相手に対する好意からくるものです。

結論を言ってしまうと、意中の人があなたに対して**一人称を多用（②）**してくる場合は、あなたに気があると言えるでしょう。逆にあなたとの会話で、相手がまったく一人称を使わない場合は、残念ながらあなたに気がないということになります。

一人称を使えば内面や心情を表現しやすい

特に男性の場合は、好きな女性に対して一人称を多用する傾向にあるということがわかっています。これは1991年にアメリカの心理学雑誌で発表された論文によって、科学的に証明されました。一人称を多用することで、無意識のうちに自己アピールをしているというわけです。

---

①必要性がなくなってくるためと考えられる。これは、出会ったときの燃えるような恋愛感情が冷めてきたとも言えるが、安定期に入ったとも言える。いつまでも燃えるような感情を持っていたいのであれば、ある程度はお互いが自分だけの時間を確保して、「この間〝オレは〟」「そう言えば〝私は〟」と一人称を使える環境作りをするのが大切。

③合コンの楽しみ方 合コンとは男女が出会う目的で行うパーティだが、注意深く観察していると、特定の男性が特定の女性だけに一人称を多用していることがわかる。本文でも

どうして一人称を多用することが、自己アピールにつながるのでしょうか。それは一人称を使えば、自分の内面や心情を表現しやすく、相手に理解してもらいやすいからです。たとえば、男性が好きな相手の気を引こうとするときの会話は、こんな感じになります。

「〝オレ〟の職場にこんな人がいて……」

「〝僕〟の大好きなミュージシャンの……」

このように会話の中に一人称を盛り込むことで、自分の生活環境や趣味のことを相手に伝えようとするのです。

一方、一人称を使わない場合は、だいたい自分以外の話をしているときです。

「〝あいつ〟がおもしろいことを言っていて……」

「〝あの子〟って最近こんなことにハマっていて……」

こういった話が多い場合、自分がどんな人間なのかという自己アピールをしていないことになります。つまり、あなたが食事に誘われたとしても、ただの友達か同僚にしか思われていない可能性が高いのです。

この心理分析を知っていれば、**合コン**などで誰が誰に気があるのかが簡単にわかります。自分に気がある人をいち早く見つけて、恋の駆け引きを**楽しみましょう**（③）。

③ 述べたように、これはその男性が、一人称を多用している相手に気があるということなので、あとでこっそり教えてあげればキューピッド役にもなれる。

相手の肩が斜めに落ちていたら好意を抱かれている！

好きな女性のことを想像してください
姿勢の崩れ＝好意
※女性の場合は嫌いな人を想像すると肩が下がる
こんな場合はあなたに好意あり！
歩行中
体をあなたに向けて歩く
カウンター席
顔をあなたに向けて話す

好きな人のことを思うと気が緩んで姿勢が崩れる

128～131ページで、特に男性は好意を持っている女性に対して一人称を多用する、ということを紹介しました。何気ない会話の中に、好意を持っているかどうかのヒントが隠されているというわけです。しかしその方法だと、じっくり会話をしてみなければ、なかなか判断がつきません。

意中の人がいるのに恥ずかしくて自分から話しかける勇気がない。それでも相手の気持ちを知りたい……。そんな奥手の人に朗報です。なんと、じっくり会話をしなくても、相手が自分に気があるかどうかを簡単に判別する方法があるのです。

あなたが女性の場合、意中の男性を前にしたとき、彼の**姿勢**（①）を観察してください。

両肩が地面に対して平行になっていませんか。もし相手の男性の両肩がそうなっているのなら、残念ながら彼はあなたに対して、それほど好意を持っていません。むしろ、ある種の警戒心を抱かれている可能性があります。

そうではなく、どちらかの肩が下がっている場合は、おめでとうございます。彼はあなたに対して、好意を持っている可能性が高い

①姿勢
人間は自然と姿勢（ボディ・ランゲージ）で感情を出している。ブックエンド効果でも、視線だけを向けているか、顔だけを向けているか、あるいはつま先など体の一部か、体全体を向けているか、という点によって、相手のことをどれだけ気にかけているか、という度合いが推し量れる。

②アルバート・メラビアン
アメリカの心理学者。カリフォルニア大学ロサンゼルス校の名誉教授。主な研究は、相手と向き合った際のコミュニケーションによる感情の伝達。メラビアンは1971年に出版

と言えるでしょう。

　122～123ページでも紹介したカリフォルニア大学の**アルバート・メラビアン（②）**という心理学者は、かつて次のような実験をしました。男子学生を複数人集めて、「あなたがとても大好きな人のことを想像してください」と言ったのです。

　すると男子学生の多くは、不思議なことにどちらか一方の肩が下がりました。つまり、両肩が地面と平行ではなくなったのです。

　肩が下がるということは、そこの力が抜けるということ。男性は好きな人を前にすると、気が緩むということでしょうか。もしあなたの前で男性の肩が下がっていたのなら、あなたが彼にとって、肩を張らずに自然体の自分をさらけ出せる相手、または警戒しなくてもいい相手、と言えるのかもしれません。

　ただし、この「好きな相手を前にすると肩が下がる」という現象は、男性のみに当てはまります。おもしろいことに、女性の場合では男性と正反対の結果が出ています。

　女性の場合、好きな相手を前にしても、肩が下がることはありません。そればかりか女性は、「とても嫌いな人のことを想像してください」と言われたときに、肩が下がる傾向にあります。女性が嫌いな男性、または苦手な男性のことを想像すると、げんなりして姿

した『非言語コミュニケーション』によって、人と人が直接顔を合わせるコミュニケーションには、3つの要素があると提唱した。それぞれ、「言語」「声のトーン」「ボディ・ランゲージ」である。彼によれば、言語が7パーセント、声のトーンや口調が38パーセント、ボディ・ランゲージが55パーセントの割合で感情を相手に伝えているとのこと。

③ブックエンド効果
ブックエンドとは本立てのこと。恋人同士が仲睦まじく身を寄せ合う様子を、ブックエンドに寄りかかる本を指して名付けた言葉だ

勢も崩れてしまうということでしょうか。

または、女性は好きな人の前では特に美しくありたいもの。当然どちらか一方の肩を下げるよりも、両肩をしっかりと張っていた方が綺麗に見えます。大好きな男性の前だと肩を下げるどころか、無意識のうちに姿勢を正してしまうのかもしれません。

お互い好意を持っていれば自然と身を寄せ合う

ところで人間には、好きな相手を前にすると、自然と体をそちらに向けてしまう傾向があります。実際、仲のいい恋人同士は自然と身を寄せ合います。心理学では、これをブックエンド効果と呼びます。この**ブックエンド効果（③）**によって、男性は好きな相手を前にすると姿勢が崩れやすいようです。

デート中に並んで歩いているときの男性は、女性に身を寄せるために体が傾いてきます。このとき相手の肩が下がりっぱなしなら、相手の男性はかなりあなたのことが好きだと言えます。

「目は口ほどにものを言う」と言いますが、この場合は「肩は口ほどにものを言う」わけです。相手があまり愛情表現を言葉にしてくれなくても、肩がそれを表現してくれているのですから。

③が、恋人関係以外でも使われる。たとえば好きな相手を意識してしまうばかりに、つい視線がそちらに向いてしまう、体をそちらに向けてしまうのも、ブックエンド効果のひとつ。

顔を見た瞬間、相手の眉間が動いたら嫌われている

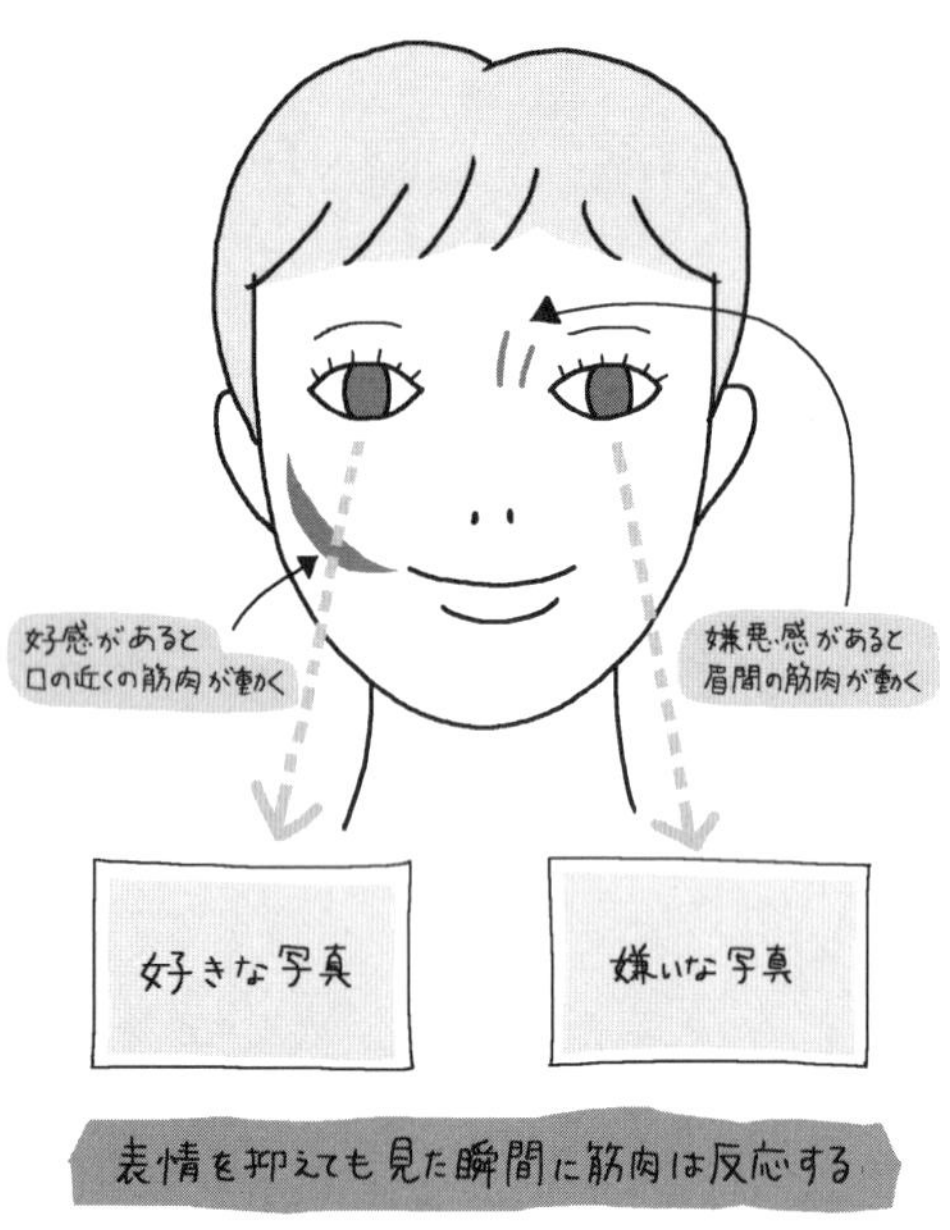
好感があると
口の近くの筋肉が動く
嫌悪感があると
眉間の筋肉が動く
好きな写真
嫌いな写真
表情を抑えても見た瞬間に筋肉は反応する

不快な思いをしたら眉間にしわが寄る

誰かと話をしているとき、自分の言動が相手を不快にさせていないかと考えたことはありませんか。純真無垢な子どもの頃は、相手も正直に怒っているかどうかを答えてくれるものですが、責任や立場を背負っている大人になると、どうしても感情を隠してしまいがちです。

不愉快にさせたまま話を続けると、配慮が足りないと思われてしまいます。かといって真っ正面から「不愉快だ」と言ってもらえることもあまりありません。むしろそれを言われてしまったら、もう手遅れでしょう。

ところで人間は、感情が顔に出ると言われるくらい、表情豊かな生き物です。笑顔を作れるのは人間だけ、という話を聞いたことがある人も多いと思います。これができるのは、**人間の顔の筋肉**（①）がそれだけ複雑だからです。

ポーカーフェイス（②）という言葉があるように、大人は表情すら隠す技術を持っていますが、人間の顔の筋肉は、すべて自分でコントロールできるほど単純ではありません。むしろ複雑すぎるあまり、無意識のうちに**表情の変化**（③）が起こります。

---

①人間の顔の筋肉
数え方にもよるが、人間には表情を作るための表情筋が、30種類以上もあるとされている。その中で実際に使われているのは、数十パーセント。

②ポーカーフェイス
言わずと知れたカードを使ったギャンブル「ポーカー」から生まれた言葉。ポーカーは相手に自分の手札を読ませないための心理戦が主になってくるので、感情を表に出さないことが勝利のカギである。ここから感情を消した表情全般を指すようになった。現代社会の大人は、得意不得意はあるが、みんなこの技術を身に付けている。

たとえばテスト勉強のために、難しい問題集に目を通したときのことを思い返してください。無意識のうちに、眉間にしわが寄っていませんでしたか。

また、悪臭を嗅いだときや、生理的嫌悪を催す模様を見たとき、さらには耳障りな音を聞いたときも、同じように眉間にしわが寄っていると思います。

今度は、好きな食べ物が目の前に出されたときのことを思い返してください。自然と微笑んでいるのではないでしょうか。好きな異性が目の前に現れたときも同様です。

このように、人間は無意識レベルで表情を作ることがあるのです。

意図的な表情よりも本心が先に表れる

カシオッポという心理学者は、次のような実験を行いました。まず被験者に対して、人や物など50枚のスライドを見せながら、どれが好きでどれが嫌いかを確認します。その後、被験者の顔に電極をつけて、もう一度同じ50枚のスライドを見せました。

すると、「好き」と答えていたスライドが提示されたとき、頬骨《きょうこつ》筋《きん》④という口と目の間にある筋肉が微妙に反応しました。逆に「嫌

---

③表情の変化
本文でも紹介した通り、無表情は意図的に作り出すものなので、無意識レベルの神経伝達速度を超えて表情を作り出すことはできない。嫌悪感や好感を抱いた場合は、わずかに変化が起こる。つまり本心がつかみにくい相手は、その変化の幅が少ないか、悟られないうちに素早く表情を作り出すことに長けている人と言える。

④頬骨筋
小頬骨筋と大頬骨筋に分かれている。どちらも唇の周辺に存在しており、筋肉の端が皮膚につながっている。小頬骨筋は上唇を上に引き上げる作用があり、

い」と答えていたスライドが提示されたときは、眉間にある皺眉筋《しゅうびきん》⑤という筋肉が反応したのです。さらにこれらの筋肉は、好き、嫌いの度合いによって、大きく反応することがわかりました。

筋肉が動くのは、当然ながら神経の伝達によるものです。分別のある大人は、どんな状況でもとっさに表情を作ろうとしますが、それは意識して行うものです。

しかしこれらの筋肉の反応は、無意識レベルの神経伝達によるものなので、そちらの方が速いのです。

噛み砕いて言えば、意図的に表情を作るよりも、本心の方がいち早く表情に表れるということです。

では、この現象を応用して、相手と話をしているときに、特に頬骨筋と皺眉筋を注意深く観察してみましょう。もしも、相手があなたに嫌悪感を抱いているようなら、わずかですが眉間が動くはずです。逆に好意を持たれている場合は、口の端が少し上がるでしょう。

相手がすぐに笑顔を作っても、その前にほんの少し眉間が動いていれば、それは不快にさせた証拠。素直に謝って話題を切り替えましょう。

これを知っていれば、相手の感情に合わせてコミュニケーションが取れるので、あなたは気配りの達人になることができますよ。

大頬骨筋は口角を外側に引き上げる作用がある。好感を抱いたときに変化が起きる。

⑤皺眉筋
眼瞼筋（がんけんきん）という目の周りの筋肉に含まれる筋肉で、頬骨筋と同様に筋肉の端が皮膚につながっている。主な作用は眉間にしわを作ること。嫌悪感を抱いたときに変化が起きる。

目が細い人は
エロく見られやすい!?

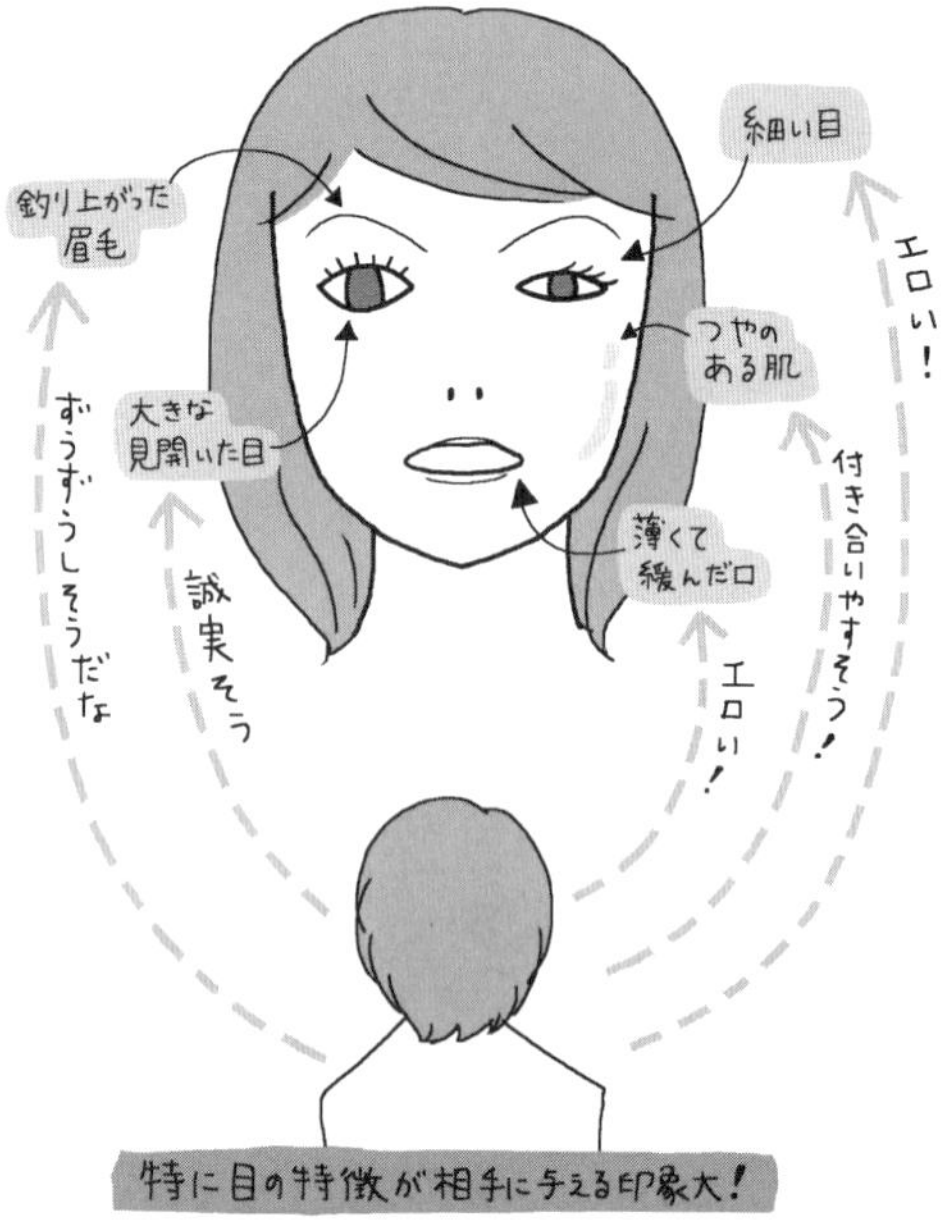

細い目
釣り上がった
眉毛
つやの
ある肌
大きな
見開いた目
薄くて
緩んだ口
エロい！
ずうずうしそうだな
誠実そう
付き合いやすそう！
エロい！
特に目の特徴が相手に与える印象大！

無意識のうちに目から情報を読み取る

初めて出会った人の第一印象を決めるとしたら、あなたは相手のどこを見ますか？「話し方」「しぐさ」と答える人もいるかもしれませんが、具体的に体のどこかの部位を挙げてくださいと言われたら、やはり「目」と答える人が一番多いのではないでしょうか。

「目は口ほどにものを言う」という言葉があるように、目には相手に様々な印象を与える力があります。人物画を例にとってみるとわかりやすいのですが、描かれた人物の目の部分を隠して見てみると、その表情や感情はほとんど伝わってきません。

話し相手も同じで、目をまったく見なければ、やはり表情や感情は伝わってこないものです。子どもの頃に「相手の目を見て話を聞きなさい」と言われた人も多いかと思います。目が泳いでいる、すなわち視線を外すということは、相手に感情を悟られないようにするための本能です。

視線を外すことはともかく、それ以外で目が感情を物語るなんてよくわからない、と思われるかもしれません。しかし、目には確実に感情が表れています。猫は**瞳孔**（①）を開いたり閉じたりすることで有名ですが、人間にもそれと同じことが起きているのです。

①瞳孔

日本人の眼球には、白目と黒目の部分がある。黒目をよく見てみると、虹彩と呼ばれる茶色の円の中に、さらに黒い円があることがわかる。これが瞳孔。茶色の虹彩は小さな筋肉でできており、瞳孔に入る光量を調節するために筋肉を縮小させて瞳孔を小さくしたり、開いたりする。白目と黒目は、はっきりしていた方が美しく見えるため、モデルは写真撮影の際にコンタクトレンズを外して瞳孔を開かせることもある。本文でも触れたように、瞳孔は光量調節以外に、興味のあるものを見たときにも反応する。猫を飼っている人は、オモチャたとえば人間は興味があるものを見たとき、瞳孔が数ミリ開いて潤んだような状態になります。その反応が強くなると、まぶたごと押し上げられて目が見開くのです。

こうしたことから人間は、無意識のうちに相手の目から興味や関心のあるものを読み取っているのです。「第一印象は相手の目を見て決める」と答えた人は、そういった微妙な変化を読み取ることに長《た》けている人とも言えるでしょう。

目が大きいと誠実で、細いとエロい？

目が相手に与える印象は、その変化だけでなく、目の形によっても決まります。

セコードとマタードという２人の研究者は、１９５５年に24人の微笑していない若い女性の顔写真を使って、容貌とそれが持つ特性（イメージ）の関係を示す表を作成しました。

それによれば、大きな目の持ち主は誠実で良心的、釣り上がった眉毛と細い目は気まぐれで要求がましい、細い目と緩んだ口は性的な関心が強い、といった具合です（１４０頁の図を参照）。

自分の周囲にいる人たちを思い返してみてください。たしかにそ

を近付けるなりして試してみよう。

②目力
近年になって、女性誌でよく使われるようになった言葉。古い時代からあった「眼力」という言葉の代わりに女性向けとして作られたものと思われる。目力を上げるために目を大きく見せる化粧は、目力メイクと記されることもある。

んなイメージがあるように思えませんか。

人にはそれぞれ好みがあるので、「目の大きい人が好き」という人もいれば、「目の細い人が好き」という人もいます。しかし時代の流れもあるのでしょうが、現在では女性の場合、目の大きい人がモテる、という風潮があります。

女性誌や化粧品業界では「**目力**《めぢから》（②）」という言葉を使って、目を大きく見せる化粧法が取り上げられています。大きい目は、感情表現が豊かでかわいらしい、という印象を与えることをみんな知っているのでしょう。

逆に男性は、「**男の目には糸を引け、女の目には鈴を張れ**（③）」という言葉もあるように、目の細い人がかっこいいと言われやすいようです。女性向けのマンガに登場する男性キャラクターは、切れ長の目の持ち主が多かったりすることからも明らかです。目が細い分、感情があまり表に出にくく、ミステリアスな印象を与えているようです。

しかし、そのミステリアスさが、逆に何を考えているのかわかりにくく、スケベなことを想像しているのではないかと勘ぐられてしまうことも。１４０ページの図のように、細い目に合わせて口元が緩んでいたら決定打ですね。

③男の目には糸を引け、女の目には鈴を張れ
男性の目は切れ長がよく、女性の目はぱっちりと大きなものがよいという言葉。人相占いでも、糸目の男性と大きな目の女性は相性がよいとされている。

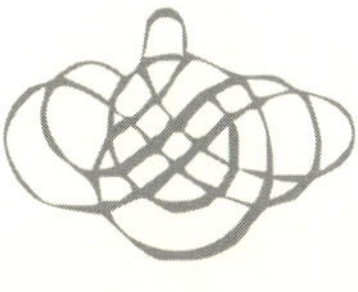

気持ちは声に表れる！大声で話すのは自信に満ちている証拠

はっきり言葉に出せば相手の信頼も勝ち得る

コンピューターによる音声認識の発達や、「**声紋（①）**」という言葉が示す通り、「声」には人の特徴や心理状態を示すヒントがたくさん隠されています。ここではその中でも特に、「声」と「自信」がどのような相関関係にあるのかをご紹介します。

アメリカのデイトン大学で、チャールズ・キンブル博士によってある実験が行われました。博士はまず、１０１人（男性50人、女性51人）の被験者に対し、選択式の質問を投げかけます。博士はこの時、被験者が回答する声の〝大きさ〟を調べていました。

結果、自信がない人の声の大きさが平均58・47デシベルだったのに対し、自信がある人の声の大きさは平均61・84デシベルだったのです。つまり、人は自分の発言に自信を持っているかどうかで、声量を無意識に調節しているようなのです。

声の大きさは、相手の発言が信頼に足るものなのかを判断するバロメーターとなるでしょう。

自信の有無は声量で判断！
58.47デシベル
自信のない人
61.84デシベル
自信のある人

しかし逆に考えると、あなたが小さな声で喋っていた場合、「この人は自分の発言に自信がないのだな」と、マイナスの印象を与えてしまう可能性があります。

どんな返事でもハキハキと大きな声でわかりやすく答え、相手の信頼を勝ち得る工夫が必要でしょう。

①声紋
指の腹にできたしわの形から個人を特定する「指紋」。同様に人間の声にも人によって細かな特徴があり、その周波数から個人を特定する技術が発達している。口腔や鼻腔の形や、声帯の違いによって声には個人差が生まれるとされる。本文で述べた心理状態や性格のほかに、相手の性別、年齢、顔の形、さらには身長まである程度明らかにすることができる。

お悩み相談室

今回のお悩み

「失敗ばかりする部下の扱いに困っています」

期待は成長の原動力、部下は叱るよりほめる

自分が新人だった頃のことを思い出してください。その頃は経験も浅く、当然失敗も多かったはずです。それは誰しも同じです。初めのうちの失敗はある程度仕方ないことなのに、上司であるあなたが怒ってばかりいては、「自分はダメ社員なのかな」とネガティブになって仕事への熱意がそがれてしまってもおかしくありません。むしろ積極的に部下を信頼し、成長を期待してあげましょう。

熱い期待をかけられると人は成長する。これは心理学の分野でも提唱されていることです。アメリカの心理学者ハーロックは、賞賛や叱責が学習効果にどのような影響を及ぼすか調査しています。

対象となるのは複数の小学生をランダムに分割した3つのグループ。グループは指導者からそれぞれ、①基本的にほめられる、②基本的に叱りつけられる、③ほとんど何も声をかけられないという3パターンの教育態度を取られることになりました。その上で、彼らに算数の問題を数日にわたって

解かせたところ、なかなか興味深い結果が表れたのです。

第1のグループの生徒が継続的に成績を向上させた一方、第2のグループでは初めのうちこそ成績は向上したものの、その後は失速。さらに3番目のグループに至ってはほとんど成績に変化が表れなかったのです。

つまり人の成長を妨げるのは、何より「無関心」であり、さらにほめなければ、十分な成長は望めないのです。

また、やはりアメリカの心理学者ローゼンタールらによる研究では、「この生徒は優秀だ」とウソの情報を教師に聞かせることで、結果的に生徒の成績が向上したという結果も残っています。

これは「この子はやればできる」と思い込むことで、教師の側も丁寧な指導を施すようになるからだと考えられています。

「自分の部下は秘めたる才能を持っているはず」と思い込んで教育すれば、部下の失敗も減少するかもしれません。

アドバイス

部下の能力を信じ、期待をかけてあげましょう

自分の発言後、相手が額をこすったら不快にさせている

様々な「なだめ行動」
額を手でこする行動
不快を感じている
喉もとに手を当てる
嘘をついている
(女性に多い)
頬や顔に触る
緊張をなだめている
頬を膨らませ ゆっくりと息を吐く
危機から逃れた後などに
自分を安心させている

気持ちを落ち着かせるため脳が体を動かしている

あなたが友人に話をしていたとします。そのとき友人が、忙《せわ》しなく自分ののどに触ったり、額をこすったりしていたら、落ち着きのない人だな、と感じるでしょう。しかし、この落ち着きのないように見える行動は、もしかするとあなたのせいかもしれないのです。

人間は話をする際、身振り手振りを交えることがよくあります。意識的にやっていることもあれば、無意識のうちに動いていることもあります。もちろん身振り手振りを交えるのは、その方が自分の感情を伝えやすいと実感しているからです（①）。

一度、意識的に体をまったく動かさずに会話してみてください。うまく言葉が紡ぎ出せなくて、もどかしく思うことでしょう。言葉にしなくても、身振り手振りで感情を伝える行動を、**ノンバーバル行動**（②）と言います。

無意識のうちに身振り手振りを交えることで、言葉にし切れていない部分を行動で補っているわけです。冒頭のような落ち着きがないように見える行動も、ノンバーバル行動の一種です。のどに触ったり、額をこすったりする行為は、不快感を覚えたときに自然と出てしまう反応なのです。

①無言の言葉
言葉にしない気持ちを汲み取るためのコミュニケーションを非言語コミュニケーションという。これは脳の前頭前野の右側が司っている。反対の左側は言語コミュニケーションを司っている。携帯電話で話すときは、非言語コミュニケーションを司る前頭前野の右側がまったく動かない。つまり、言葉だけで相手の感情を汲み取ろうとするのだ。やはり直接会って話をした方が、気持ちは伝わりやすい。愛の告白も面と向かって言うのがベスト。

②ノンバーバル行動
ノンバーバルとは非言語という意味。つまり

嫌な経験や不快感、脅威などを感じるのは、当然脳です。こういったストレスを抱いた後の**脳**（③）は、通常の状態に戻ろうとするために気を鎮める行動、すなわちいら立った自分をなだめる行動を取るようにと、体の各部位に命令を出します。それがのどに触ったり、額をこすったりするという行動につながるわけです。この関係性は、ナップとホールという研究者が発見しました。

脳が命令を下すなだめ行動は、人間以外でも見られます。犬が自分の体を舐め回したり、猫が爪を立てたりすることもそうです。不快感を覚えて、体がそれを訴えているのです。

後ろめたさがあるとつい額に手が伸びる

人間のなだめ行動は多種多様です。赤ん坊が指をしゃぶる行為や、禁煙中の人が大きな音を立ててガムを噛む行為も、気を鎮めるためのなだめ行動です。はっきりとわかるものもあれば、細かすぎて伝わらないものもあります。

しかしなだめ行動は、必ず何らかの形で表れるものなので、それを見抜くことができれば相手の心の動きを察知することができます。いわゆる読心術にもなりうるのです。

言葉にしなくても相手に感情を伝える行動全般のことを指す。これは不快感を示すサインのほかにもたくさんの種類がある。好意を持っている相手に自然と触れてしまうボディタッチもそうだし、好意的な相手につい視線を向けてしまうことも同様。ノンバーバル行動の意味を知れば、相手の心の動きを読み取ることができる。

③脳
大きく分けて、原始的な脳と言われる辺縁系と、人間の進化とともに発達した新皮質系がある。辺縁系は記憶や自律神経の活動に関係している場所で、感情の動きを表に漏らす働

これを熟知している警察官は、犯人逮捕に使用することもあります。ある逃亡犯が母親の家に隠れたとき、警察官がその母親に尋問しました。

「息子さんはこの家にいませんか？」

すると母親は「いません」と答えながら、のどに触ったのです。同じような質問を何度もするたびに、やはりのどに触ります。この母親がウソをついていると断言することはできませんが、少なくとも警察官の尋問に不快感を覚えていることはたしかでした。早く尋問を終えてほしい、これ以上聞かれるとボロが出てしまう。相手がそう感じていると判断した警察官は、家宅捜索を行って犯人逮捕を成功させました。

額をこすったときも同じです。苦しいときや、焦っているときは、つい額に手が伸びてしまうものです。恋人がいる人は、相手に「浮気してないよね？」と尋ねてみましょう。もし向こうが否定しながらも額をこすれば、それはかなり危険信号が出ています。

何らかの後ろめたさがあって苦しんでいるか、嫌な話題なので話を変えたいと思っている証拠。それが露呈したときは、さらに質問責めにして同様のサインを見抜き、正直に白状させて謝らせましょう。

きもある。この部位が不快感を経験すると、体はそれに一致するノンバーバル行動を取る。怒りや恐れという感情も辺縁系から発生する。これらは身を守るために「逃げる」という行為につながるので、まさに生き残るための原始的な脳と言える。

声色によって相手に与える印象が変わる

男女別　声色が与える印象
高い声
優しそう、活動的
外向的な人
明瞭な声
おもしろい、生き生きしている
ユーモアがない活発そう
緊張した声
年長で頑固だ
若い、感情的だ

顔が見えなくても声で相手の心情がわかる

あなたの大好きなミュージシャンの歌があったとします。同じ歌を別のミュージシャンがカバーして歌うと、やはり受ける印象が大きく違います。原曲の方がよいと言う人もいれば、カバー曲の方がよいと言う人だっていることでしょう。

もちろんこれは、ミュージシャンの歌い方にもよるのでしょうが、やはり声質も大きく関係しています。好みの声質の人と話すのは心地よいものですし、苦手な声質の人と話をすると不快な思いをする場合があります。

このように人間は、**声（①）**の好き嫌いがあります。そんな声によって、その人の性格がある程度判断できると聞いたら驚くでしょうか。

アニメのキャラクターに声を当てている**声優（②）**を思い返してください。悪人を演じる声優は、ほかの作品でも悪人を演じることが多く、主人公を演じる声優は、やはりほかの作品でも同様のポジションのキャラクターに声を当てています。

これは、それぞれのキャラクターの性格に合う声というものが決まっていることの証明です。

---

①声
人間だけが声を発することができるのは、気管が喉頭の部分で直角に近い角度で曲がっており、音を細かく区切ることができるため舌を歯茎に押し当てる、唇の形を変えるなど、複雑な動きができることも要因のひとつ。オウムやインコは人語を真似て発声しているが、これは筋肉を伴った柔軟で厚い舌を動かして、音を細かく区切っているためである。しかし唇などを使えないため、完璧に真似ることはできない。

②声優
主にアニメや洋画の吹き替えなどを行うため、ボイスアクター（声の

人の声質は唇や声帯の形で決まるので、顔と同じく、生まれながらに決まっていることになります。生まれたときから自分の性格が決定付けられていると考えると不公平な感じがしますが、何も声質だけがその人の性格を表すというわけではありません。たとえばアクセントや口調がそうです。顔が見えない電話越しの相手でも、怒っているのか喜んでいるのかがわかるのは、これらの影響によるものです。

アクセントや口調などを含めた話し方は、社会で生活していく中で自然と培われていくものです。子どもたちは生まれ育った環境から、どのように発声していくのかを、自分の考えで選び取っていきます。そうなると、やはり声によって相手がわかるという話も納得できそうです。

実生活が粗暴な人は乱暴な言葉遣いになる

人間は相手がどんな声色を出したときに、どんな感情を持っているのか、ということを本能的に知っています。語気を強めてきたら相手が怒っている、声が上ずっていたら何か隠し事をしている、といった具合にです。

俳優）とも言われる。まったく違う性質の声を出すことで、色々な性別や年齢の役を演じることができる。声から受ける印象、イメージされる性格によって、似たような役柄に当てられる場合もある。

③男女の声
基本的に男性の声は低く、女性の声は高い。同じ人間だから発声器官の構造はほぼ同じはずなのに明らかに声質が違うのは、ホルモンの作用が大きい。ホルモンの分泌が少ない子どもの頃は男女ともに高い声だが、男性のほとんどは、第二次性徴でホルモンが増加すると声変わりが起きる。

人間が声色から受ける印象について、アディントンという研究者が調査を行いました。男女2人ずつが9種類の音声的特徴を使い分けて話し、聞き手が相手に抱いた印象を調べるというものです。

それによれば、音程の高い男性は優しくて美的に見えるという印象、音程の高い女性は明るく外交的という印象。はっきりした声で話す男性は生き生きとしていて高慢、女性の場合は活発だがユーモアがない。また、緊張した声色で話す男性は年長者で頑固、女性の場合は若くて感情が表に出ている、といった印象を受けたなどという報告が上がっています（③）。

同じ話し方をしていても、男女によって受ける印象が違うというのはおもしろい発見です。また、同性同士や異性同士でも、受け取り方は変わってきます。

しかし男女共に共通する印象もあります。アディントンの調査では、鼻声で話す人は男女共によい印象を抱きませんでした。

思い起こしてみると、実生活でも粗暴な人はたしかに粗暴な話し方をしますし、口調の遅い人はおっとりした性格の人が多いようです。

声によって相手に与える印象が変わるということが証明されているわけですから、なるべくそれを意識して話をすると、いい人間関係が築けるかもしれません。

眉根が下がっていれば怒り、眉根が上がっていれば恐怖している

眉の位置で相手の感情を読む

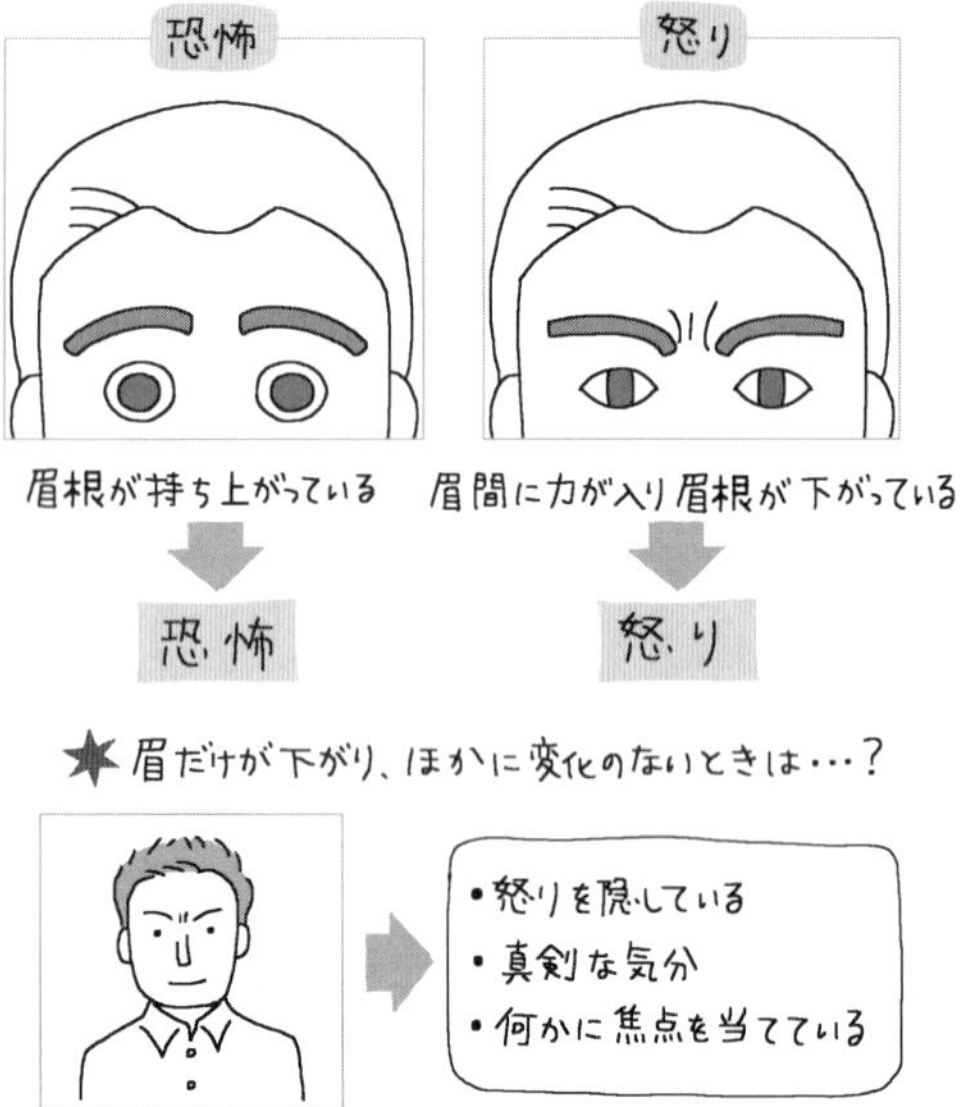
恐怖
怒り
眉根が持ち上がっている
眉間に力が入り眉根が下がっている
恐怖
怒り
★眉だけが下がり、ほかに変化のないときは…？
・怒りを隠している
・真剣な気分
・何かに焦点を当てている

表情を隠し切れず微妙に感情が漏れてしまう

137～139ページでもふれたように、顔の筋肉が複雑な人間は、感情表現がとても豊かな生き物です。それがやがて、分別ある大人になるにつれて感情を口や顔に出さなくなってきます。

デート中の恋人や、一緒に遊んでいるときの友人の口数が減ったとき、「怒ってるの？」と尋ねても、「怒ってない」と否定された経験のある方も多いのではないでしょうか。こういうときは、明らかに怒っているのに、とこちらも首を傾げてしまいます。

ここであなたは、相手の何を見て「怒っているかもしれない」と感じたのでしょうか。相手の態度と言えばそうなるのでしょうが、具体的に相手の何かを見て怒りを感じたはずです。

つまり、相手は怒りのサインを出したということです。あなたはそれを読み取ったからこそ、「怒っているのでは」と疑いを持つわけです。

怒りのサインはたくさんあります。苛立たしげに机を指でトントン叩く。肩を震わせる。語気が荒くなる。それよりも真っ先に目につくのは、やはり顔なのです。大人の人間は表情を隠しがちですが、微妙にそれが出てしまっています。

---

①ポール・エクマン
アメリカの心理学者。「20世紀の偉大な心理学者」に選ばれた。彼は表情から感情を解析するFACS(Facial Action Coding System＝顔動作記述システム)という方法を考案した。表情の分類と感情の関係性は、現在でも心理学や精神医学などで大いに活用されている。カウンセラーが患者の心理状態を読み取るために必要不可欠な技術である。

②表情を読み取る
人間は誰かに教えられたわけでもないのに、表情からその人物の感情を読み取ることができる。表情の特徴を誇張して描くマンガでは、

怒りの感情によって眉と眉間に変化が起きる！

ポール・エクマン（①）という心理学者がいます。彼は感情と表情の関係性を分析した先駆者です。

エクマンは現代社会から孤立した原始的な生活を営む部族の人たちに、怒りや喜びなど、いくつかの表情を撮影した人間の写真を見せました。それによって、部族の人たちが写真にある表情からどんな感情を読み取るのか、という実験をしたのです。

すると部族の人たちはみんな、エクマンが写真の表情から感じていた通りの感情を言い当てたのです。これによって感情からやってくる人間の表情は、文化などにかかわらず、全人類に共通しているものだと結論付けました。

エクマンが提唱した人類普遍の表情と感情の一致は、「驚き」「恐怖」「怒り」「嫌悪」「悲しみ」「幸福」の6つです。これらの感情は誰でも共通して、額、眉、まぶた、頬、鼻、口、あごといった顔のパーツに一定の変化をもたらします。

人間は本能的に、それらのパーツが形作る表情と感情の関係性を知っているということになります。

だからこそあなたは、デート中の恋人や、一緒に遊んでいるとき

怒っているキャラクターの眉は付け根がやはり下がっており、全体的に極端な斜めになっている。もちろん実際の人間は、これほど極端な表情の変化を起こすわけではないのだが、それを見るだけで怒っていると認識できる。もちろんこれも、エクマンの写真の実験と同じで人類が共通して受け取る感情である。

③表情を作る
エクマンによれば、表情は心の中で生まれた感情を投影するものではなく、心の中そのものが表情なのだという。彼は表情と感情の関係性を調べるために、自分で眉を上げたり下げたりしながら、たくさ

の友人の**表情の変化を読み取って**（②）、「怒っているかもしれない」と感じるわけです。

怒りの感情によって明確に変化する顔のパーツは、眉と眉間です。人間は怒ると、眉の付け根が眉間に引き寄せられて下がります。その結果、眉間にしわが寄る人もいます。額にしわが現れることはありません。もし怒っているときでも額にしわがあれば、それはその人が持つ永久しわであると言えます。

逆に恐怖を感じると、眉が全体的に上がり、額にしわができます。目も大きく見開いた状態になり、口は半開きになります。

これらの変化がまったく見られない場合は、怒っているように感じても、それが本当かどうかわかりません。恋人とホラー映画を見ていて「怖かったあ」と言われても、実は怖がっていない可能性があります。

ですが、表情の変化がないように見える相手でも、わずかですが何らかの変化を起こしているもの。

それらを巧みに読み取ることで、あなたは相手に対して上手に気配りができるようになるでしょう。また、自分で意識的にそれらの**表情を作る**（③）ことで、相手に感情を伝えることだってできるのです。

んの表情を作って研究していた。すると不思議なことに、表情に合わせて怒りの感情や悲しみの感情が生まれたのだそうだ。つまり、幸福感を表わす表情を作れば、心も幸福感で満たされてくることになる。このことは、エクマンの著書『顔は口ほどに嘘をつく』に書かれている。

おもしろいと思っているかは笑顔の消える瞬間でわかる

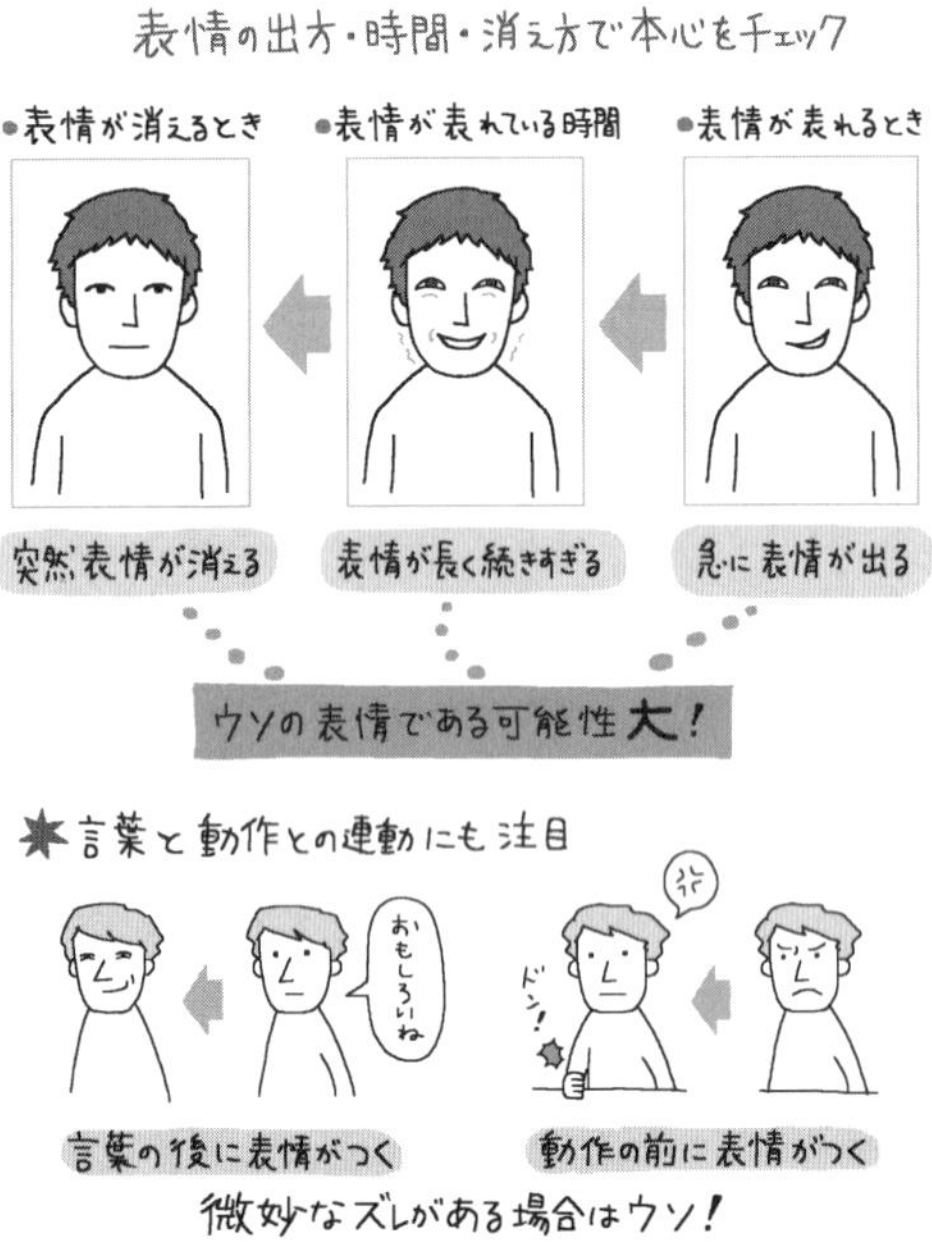
表情の出方・時間・消え方で本心をチェック
●表情が消えるとき
●表情が表れている時間
●表情が表れるとき
突然表情が消える
表情が長く続きすぎる
急に表情が出る
ウソの表情である可能性大！
言葉と動作との連動にも注目
おもしろいね
ドンッ！
言葉の後に表情がつく
動作の前に表情がつく
微妙なズレがある場合はウソ！

意外と高等テクニックが必要な作り笑い

友人や恋人が楽しそうに話をしているにもかかわらず、それを聞いているあなたは「その話は何度も聞いたよ……」とうんざりすることだってあるでしょう。そういう場合、優しい人なら**笑顔**（①）を作って相槌を打ってあげるかもしれません。いわゆる**作り笑い**（②）です。

作り笑いを浮かべることがよいことなのか、悪いことなのかという問題はひとまず置いておきます。ここでは作り笑いを、上司や家族、仲間たちとの人間関係を円滑に進めるために必要な処世術として扱います。

さて、喜びや関心があるといった感情を表す笑顔は、どうやって作るのでしょうか。唇の両端を少し上げて、口をわずかに開きます。それから目尻を下げます。さらにおもしろがっているふりをするために、手を叩くというのも効果的でしょう。

それでも相手は、あなたの笑顔が作り笑いだと見破る場合があります。これはなぜでしょうか。

表情の作り方に、どこか「ぬかり」があったのかもしれませんが、完璧に笑顔を作ってもバレるときはバレます。

---

①笑顔
生き物の中で人間だけが持つ表情。本能から自然と出る笑顔は、原始的な脳と言われる辺縁系が司っている。笑顔にも色々な種類があり、ユニークな話を聞いたときには大声で笑い、誰かが失敗して怒られているときには「ざまあみろ」と不敵に微笑する。これらは辺縁系から生まれた感情が表に出ている。赤ん坊も友好を示すために、笑顔を作って相手に感情を伝える。

②作り笑い
人間関係の構築のために出る、いわゆる社交的な笑い。本能から出る笑いではないため、進化した人間だけに発

作り笑いがバレてしまうと、お互いに気まずい思いをしてしまうので、どうせやるなら完璧に表情を作るだけでなく、完璧に喜びという感情を表現しなければなりません。

余韻を残さないと作り笑いがバレてしまう

158～159ページでもふれた、表情と感情の関係性を示した第一人者であるポール・エクマンは、表情を作る**顔面統制**（③）のタイミングが重要だと言っています。そのタイミングとは、3つに分類できます。まず「開始時間」。感情が表情に出るまでにかかる時間のことです。そして「持続時間」。その感情を示す表情が、ほかの表情に移り変わるまでの時間です。作り笑いの状態を保っている時間とも言えます。

最後に「消滅時間」。相手の話が終わった後、表情が完全に消えるまでの時間です。余韻がどれだけあるのか、ということです。

普通、表情は感情に合わせて自然と変化します。しかし、あなたが本来の喜びの感情を抱いていないのに笑顔を意識的に作ろうとすれば、その**タイミング**にズレが生じてしまうのです（④）。相手はその不自然さを察知して、「この人は作り笑いをしているのでは？」

達した新皮質系の脳から生み出される。人間はどういう表情をすれば喜びの感情を表現できるかを知っているため、とっさに作り笑いを浮かべることができる。これを頻発する人は、割とくせなどから見破られやすい。作り笑いが得意だと思っている人は要注意。

③顔面統制
人間には表情を作るための表情筋が、30種類以上あるとされている。それらを駆使して意図的に表情を作り出すのが顔面統制。それぞれの筋肉を動かすのはあまり難しくないが、固定しておくのはかなり疲労がたまる。あえてそれらの筋肉を動かす

と疑ってしまうわけです。

実際に作り笑いを浮かべてみるとわかりますが、この3つのタイミングを自然に見せるのはなかなか難しいものです。そして自然に感情が表情に出る場合にも、○秒で笑顔を作り、×秒間持続させた後に、△秒かけて消えていく、という決まった法則性はありません。これらは時と場合、相手との関係によって大きく左右されます。

法則が決まっていないにもかかわらず、やはり作り笑いはタイミングが不自然に見えることが多いのか、相手は看破してくることがあります。たとえば話の山場で即座に笑えなかったり、手を叩いた後で笑顔を作ったりしてしまうのは、明らかにタイミングがズレていると言えるでしょう。

一番難しいのは、最後の消滅時間でしょうか。相手がおもしろがらせようとしている山場でうまく笑うことができて、話が続いている間、ずっとその笑顔を浮かべることに成功したとします。しかし感情とは無関係で意識的に表情を作り続けることは、非常に疲れます。話が終わると同時に表情を解いてしまいたい気持ちはわかりますが、これはやはり不自然。「あれだけ笑っていたのに余韻はまったくないのか」と疑われてしまいますので、話が終わってもしばらくは我慢を続けるように心がけましょう。

ことで、顔のシェイプアップを図る「小顔トレーニング」は女性にも人気がある。

④作り笑いのタイミング

笑顔はおもしろい話を聞いた瞬間に爆発的に起こる場合もあるが、基本的には少しずつ表情が和らいでくるものである。だから作り笑いをすると決めたのなら、相手が話し始めたときから微笑を浮かべているくらいがちょうどいい。

相手の発言が急に多くなったらあなたに対して不安を感じている

不安感が強い人と弱い人を組み合わせて会話させると…
不安が弱い人
不安が弱い人
相手の状態がわかるため落ち着く
会話量 少
不安が弱い人
不安が強い人
相手の状態がわからないため緊張する
会話量 多
会話量が増える ＝ 相手のことが理解できない

お互いが不安なときは合コンの発言量が減る

極端に言えば、会話とはお互いが持っている情報を出し合うことです。

自分が持っている知識を相手に与え、相手が持っている知識を自分が受け取る。これを繰り返すことで連帯感が増して、絆が深まるのです。すでに顔馴染み同士であっても、「今日はこんなことをした」と報告し合うことで、絆が深まっていくというわけです。

自分と近い**パーソナリティ（①）**や考え方を持つ人と話をすると、安心感を得られます。人間は安心を求めるものなので、できることなら自分と近いパーソナリティや考え方を持つ相手と話をしたいものです。

しかし初対面の相手と話をするときは、最初は相手のパーソナリティがわからずに不安を覚えます。不安を覚える相手と話をするときは、一定の法則が見受けられます。

あなたにとって、初対面の相手ばかりが顔を合わせる合コンやパーティに行ったと考えてください。それぞれが初対面なので、みんな不安を抱えて緊張の面持ちをしているとします。

すると、あまり言葉が飛び交いません。普段はよく話す人でも、

---

①パーソナリティ
それぞれの人が持つ個性のこと。トーク中心のラジオ番組では、番組の個性という意味で司会者がこう呼ばれる。心理学で使われる場合は、人格のことを指す。性格のことはキャラクターと呼ぶので、似ているが違う意味の言葉である。基本的に性格は人格よりも狭義の使い方をされており、感情や意思表示などの内面が重視されている。人格は社会に向けられる外面を意味することが多く、後天的に培われるとされている。

②不安のディスクレパンシー・活性化モデル
ディスクレパンシーと

お互いが不安を抱えていると感じれば、そこに相手と自分の共通点を見出して口数が減るのです。

もう少しわかりやすく言えば、相手が自分と同じように、なかなか話を切り出さないばかりか、忙しなく飲み物や食べ物を口にしているとします。すると、「相手の人も、自分がうまく話せなくなっていることと同じ状態なんだ」と感じて、お互いに発言しようとする欲求が抑えられるというわけです。こういう経験がある方は多いのではないでしょうか？

不安の度合いに差があると会話が活発になる

では、あなたが初対面の相手でも、不安をほとんど感じない人だったとします。相手は明らかに不安がっているのに、あなたは余裕の表情でいつもの調子を出していたらどうなるでしょうか？

なんと、相手の発言数が極端に増えるのです。沈黙の時間が短く、矢継ぎ早に話しかけられることでしょう。

不安度合が一致している者同士よりも、不安度合に落差がある者同士の方が、コミュニケーションの活性化が起こるのです。この法則は、社会心理学者の大坊郁夫が「**不安のディスクレパンシー・活**

は落差のこと。つまり不安落差を指す。不安の高い者同士や、低い者同士よりも、その落差の度合が大きい者同士の方が発言量も増す。これは面と向かっているかどうかでも差が生じる。たとえば面と向かっている状態で、不安の度合に落差があると発言数が増えるわけだが、携帯電話などでお互いの顔が見えない状況では、それほど増えない。これは相手のことを知るための情報が声だけなので、相互理解が難しく、うまくコミュニケーションが取れていないことを示していると考えられる。会話が進むにつれて相手と自分の不安度合の差が明確になってくる

性化モデル（②）」として提唱しました。

どうしてこういう現象が起こるのでしょうか。もし、お互いが同じくらいの不安を抱いていると感じると、その時点でお互いのパーソナリティが似ていると認知されます。

そして、相手に自分と似ている部分が発見できると、あえて口数を多くしなくても、相手を理解しやすいと思うのです。「相手も自分と似たような性格なのかも」と感じて、少しずつ不安や緊張も和らぐでしょう。

ところが、相手の人の不安度合と、あなたの不安度合に大きな落差がある場合、相手はなかなかあなたを理解できません。

それでは不安と緊張がますます膨らむので、何とかそれらを解消して安心を得ようとします。そのためには、多くのコミュニケーションが必要不可欠になります。だから必然的に口数が多くなってしまうのです。

相手の口数が多くなっても、あなたのことが理解できずにいると、その溝を埋めるための**発言行動**がますます活発になってきます（③）。

こうした行動は相手が強く不安に思っていることの表れです。安心させるように優しく応答してあげましょう。

と、面と向かっているときと同じように、発言数が増えてくる。

③発言行動の活発化
不安落差が大きいと、お互いの発言がかぶってしまう同時発言が多くなり、お互いが押し黙る同時沈黙が少なくなる。

お悩み相談室

今回のお悩み

「子どもがテストでよい点を取ると、おこづかいをあげます。夫には『甘やかすな』と言われるのですが……」

お金は麻薬、慣れるとやっかい

〝お座り〟や〝お手〟など、ペットに芸を教えるためには、その芸が成功したときにごほうびをあげるのが効果的です。

犬や猫と比べるのもどうかと思いますが、報酬を与えられて喜ぶのは、基本的に人間も同じ。成果によって報酬が上がるとなれば、俄然仕事や勉強にもやる気が出てきます。

たとえばスポーツ選手がその年の成績に応じ翌年の年俸を決められるのも、この効果を期待してのことでしょう。

頑張り次第で未来の富が約束されるのだから、試合への取り組み方にも熱がこもります。

子どもの勉強に関しても同様。最初から勉強が好きな子どもは、決して多くはありません。知識を増やすこと、問題が解けることの楽しみを教えるためにも、ごほうびとしておこづかいをあげるのもよいかもしれません。

しかしそれは最初のうちでやめておくこと。人間の心理として、お金をあげると最初はやる気を喚起されるものの、繰り返されるごとにその効果は失われていくことがわかっているのです。

報酬によるやる気の喚起は、麻薬と似ています。最初は少量（少額）で満足していても、だんだんそれに慣れていき、やがてより多くを求めるようになるのです。

さらに勉強の成果に応じてお金をあげ続けていると、お子さんの中で勉強の意味が取り違えられる可能性もあります。

ある実験で、子どもたちがパズル遊びをしているところへ行き、一方のグループにはお金をあげたところ、時間が経つと何も干渉しなかった方のグループがそのままパズルで遊んでいたのに対し、お金をもらったグループはパズル遊びをしなくなったのです。

最初は好奇心からパズルに取り組んでいたのが、いつの間にかお金目的に変化してしまったからだと考えられます。

幼いうちからお金に目がくらむような、そんな子どもに育ててはいけませんね。

アドバイス

ほうびをあげるのは最初のうちだけにしましょう

CHAPTER 3
相手の心理を操る

ビジネスや恋愛シーンにおいて相手を思い通りに「操る」

何気ない言葉

◎相手の感情に訴えかける
→反発を受けずに済む?

◎相手の知らない長所を指摘する
→特別な存在になれる?

etc.

相手の本質を読み取り、相手にどう思われているのかを見抜いてアドバンテージを得るだけでも、実生活で有効活用することはできるでしょう。けれど、それだけで満足するのは、少しもったいないかもしれません。なぜなら、行動心理学を応用すれば、好意を持たせたり本音を語らせたりと、相手を「操る」ことも可能だからです。

特に恋愛、そしてビジネスシーンにおいて、相手をコントロールするテクニックが有効なことは言うまでもありません。

恋愛で言えば、好感度をアップさせる出会い方、合コンでの

ふとした行動

◎好きな人にルックスを近付ける
→恋人になれる?
◎食事を共にする
→相手を説得できる?
etc.

ささいなしぐさ

◎部下が失敗しても無視する
→一人前に育つ?
◎ダラけた服装をする
→一目ボレされる?
etc.

座り位置、ひと目ボレされやすいファッションコーディネート、デートの約束を取りつけるためのステップ、あなたの短所を見せるタイミングなどなど、行動心理学に基づいて立ち回ることで、成就する可能性は高くなります。

ビジネスで言えば、一目置かれるようになる話し方、効果的なおだて術、敵を作らないための座り位置など、出世の足掛かりとなるテクニックは枚挙にいとまがありません。中でも多いのが、上司が部下を上手にハンドリングするための方法です。

人を言いなりにする方法、新人の能力向上術、グッドアイデアを出させる会議術、ハイパフォーマンスを維持するための心得、やる気を引き出す目標提示――いずれも、知っているのと知らないのとでは、「上司力」に大きな差がつきます。

また、相手を説得しやすいシチュエーション、本音をうながす決めゼリフを知れば、あなたの交渉力は少なからずアップすることでしょう。

この章では、恋愛でもビジネスでも相手を上手に操り、ある程度、あなたの意に沿わせる行動心理学を紹介します。

いずれも研究等で実証されているものばかりですが、過信は禁物。あくまでも参考程度にとどめるのが、成功の秘訣です。

一度でなく何度も会うと好感度が4倍上がる

会う機会を増やせばやがて恋が実るかも？

最初は嫌っていた相手なのに、職場などで何度も顔を合わせるうち、いつの間にか好きになっていたという経験はありませんか。

人は何度も顔を合わせている相手には、次第に好感を持ってくるものなのです。これは心理学的にも証明されています。

アメリカの心理学者ロバート・ザイアンスは、記憶の実験と称して、2秒ごとに映し出される86枚の成人男性のスライドを、数人の大学生たちに見せました。でも実際は、12人のスライドをランダムに86回見せていたのです。するとと、顔の魅力に関係なく、登場した回数の多い人物の方が、少ない人物よりも好感度が高いという結果になりました。

さらにほかの実験では、女性に対してランダムに男性の写真を提示し、1度しか見せなかった男性の写真と、25回も見せた男性の写真では、好感度が4倍も違ってくるという結果も出ています。

何度も見ただけで好意を持つようになる効果を、**単純接触効果**（①）と言います。気になる異性がいれば、意識的に何度も顔を合わせる機会を持つことで、相手を振り向かせることだってできるかもしれません。

①単純接触効果
人間は何度も見た相手に好意を持つが、その対象は人間だけではない。ものや風景も同じ。何度も同じテレビのCMを見ていると、その商品やCM自体に好感を抱くのも、この効果によるものである。しかし、単純接触効果は全員に効果があるわけではない。中には見れば見るほど嫌になる、というパターンもある。何事も行きすぎはよくないということ。

最初に大きな要求を出しておくとデートに誘いやすい

難題を突きつけた後で本来の目的を承諾させる

アメリカの心理学者チャルディーニは、ある実験のために大学生たちを集めてこう言いました。

「これから2年間、毎週2時間ずつ無料のカウンセリングをしてくれないか」

当然大学生たちのほとんどは断ります。その後、チャルディーニが「それなら1日だけ」と言うと、半数以上の大学生たちが承諾したのです。

後者の質問を最初にした場合、わずか17パーセントの大学生の承諾しか得られませんでした。

このように、最初の時点で大きな要求を出しておき、後で小さな要求に切り替えて承諾させることを「**ドア・イン・ザ・フェイス**（①）」テクニックと言います。大学生たちからすれば、本当は1日でも拘束されたくないのですが、2年間も毎週拘束されることに比べれば、たった1日我慢するくらい別にかまわないと感じるのです。

これを応用すれば、デートの誘いも断られずに済む場合があります。最初に「旅行に行こう」などと大きなことを

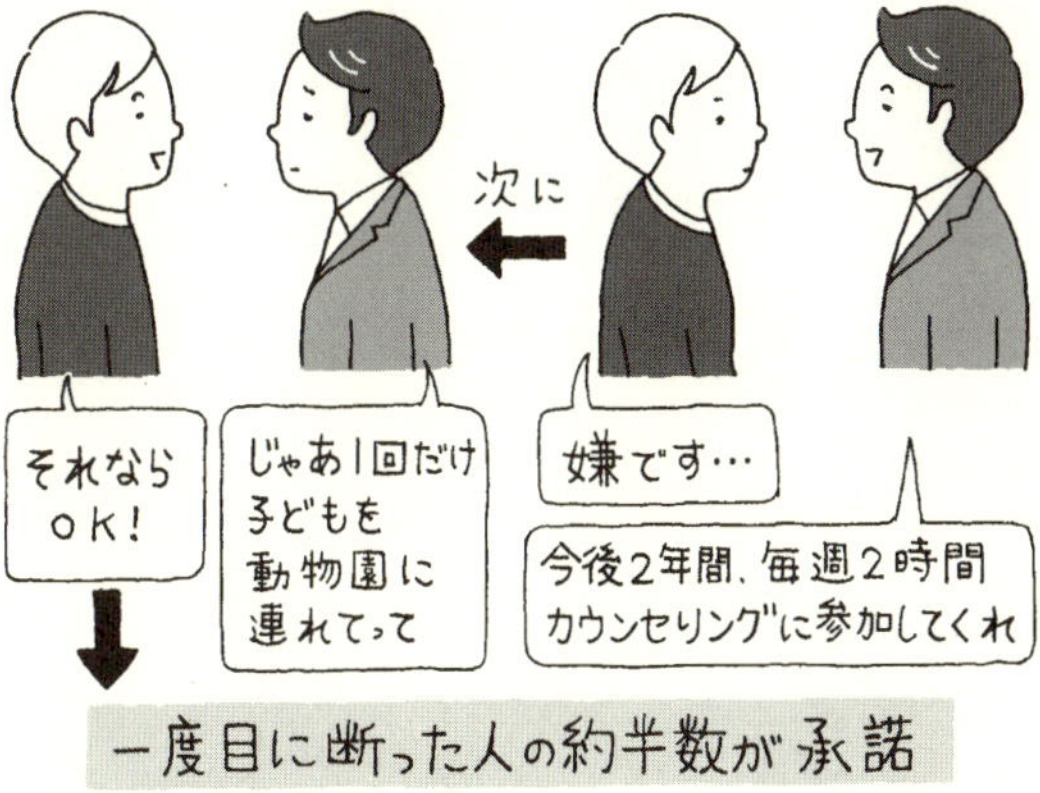
今後2年間、毎週2時間
カウンセリングに参加してくれ
嫌です…
次に
じゃあ1回だけ子どもを動物園に連れてって
それならOK！
一度目に断った人の約半数が承諾

切り出しておき、相手が断れば「それなら食事だけ付き合って」と言うのです。すると最初から食事に行くつもりがなかった人でも、食事くらいなら、と承諾してくれる場合があります。色々と工夫して試してみましょう。

①ドア・イン・ザ・フェイス
最初に大きな要望を提示し、あとで本来の小さな要望を伝えるテクニック。開けたドアにいきなり顔から入れるということが由来。逆に、小さな要望から通して、次第に要望を大きくさせていくテクニックをフット・イン・ザ・ドアと言う。ドアを開けたらまず足から入れることが由来。セールスマンなどがよく使う手法。

マイナスポイントは後から伝えれば受け入れられやすい

まずは既成事実を作って自分の魅力をアピール

意中の相手に思いを告げる前に、過去の経歴や年収、家柄などを事細かに伝える必要はありません。むしろ「自分は魅力的な人物ですよ」と、長所だけをアピールして、相手に気に入られようとするのが普通です。

こうした技術は、心理学の世界では「**ロー・ボール技法①**」と呼ばれています。

最初のうちにキャッチしやすいロー・ボールを投げておけば、後から変化球やハイ・ボールを投げても相手がキャッチしてくれるのです。

ロー・ボール技法を、初めて科学的に検証したのはアメリカの心理学者・チャルディーニです。チャルディーニが学生たちに「朝7時に研究室にきて実験に協力してほしい」と依頼すると、引き受けた学生は31パーセントでした。ところが、先に「心理実験に参加してほしい」と頼み、了承を得た後に「朝7時に研究室へ来てください」と伝えた場合は、56パーセントの学生からOKを得られたのです。

この結果から、チャルディーニは「人は自分の決定に責

ローボール(受けやすい球)・テクニック
①実験に参加しない？
ローボール
承諾
②いいですよー
③朝7時に来てね
新事実
④(!!! 早い!)
わ、わかりました
承諾
人は一度承諾すると 決断をくつがえしにくい

任を取ろうとする」という結論を導き出しました。

ちなみに、この現象は恋愛にも置き替えが可能。まずは交際の既成事実を作る。そして後から自分の短所を伝えれば受け入れてもらえるのです。

①ロー・ボール技法
受け入れられやすい依頼をまず相手にのませ、後から条件を釣り上げていく交渉のテクニック。居酒屋などで「コース料理＋飲み放題で3000円」という触れ込みで客を呼び込んで、席に着かせてから「実はあとプラス1000円でソフトドリンクとカクテルも飲み放題になりますが……」などと、商売でも活用されている。ただし度がすぎると、詐欺まがいの事態になりかねないため、注意が必要。

合コンを制するには相手側から見て右端の席に座ること

人の視線は左から右へ……親近効果でキメる

心理学者のニスベットとウィルソンは、まったく同じ品質の4つのストッキングを机の上に横一列に並べ、被験者に「どれが一番いいストッキングか」を選ばせる実験を行いました。すると、多くの人が一番右側に置かれたストッキングを「最高の一足だ」と選んだのです。

驚くことに、ニスベットとウィルソンは、実験の前からこの結果を予想していたのだそうです。それは、人の視線は文字を読むように左から右へ移動する性質があることと、最後に認識したものが強く心に残る「**親近効果**（①）」という心理作用に基づく予測でした。

実験を通じて、人は〝強いてどれかを選ばなければならない〟という状況下では、向かって右側のものを選びがちだということが証明されたのです。

この心の動きを、恋愛に応用しない手はありません。合コンで「きょうは勝負の日」と決めたら、いち早く相手から向かって右端の席を確保しましょう。

そうすれば、向かい側に座った異性はあなたの様子を最

多くの被験者が一番右のストッキングを選択

後にチェックすることになります。すると「一番右のあの人が気になるな～」という展開が期待できるのです。〝向かって右側〟を使いこなして、意中の相手に迫ってみては？

①親近効果

人は、多くの情報を処理するとき、最後に認識した情報をより記憶にとどめる。それを心理学的には親近効果と呼んでいる。デートの最中に恋人とケンカになっても、締めのディナーや帰り際の雰囲気がステキだったら「また会いたいな」と思うのも親近効果である。ちなみに、最初に見たものも「初頭効果」という心理作用によっていいイメージを抱かれやすい。合コンでは、両サイドが得なのだ。

少しダラけた服装で一目ボレされる確率アップ！

服装で相手を恋のトラップにかける

後ろ姿が印象的な人は一目ボレされやすいという説があります。

伸びた背筋や、張りのあるヒップラインが印象的だと「正面からどんな人か見てみよう」という心理が働き、結果として相手の心に残る存在になるというのです。

つまり、シャツやコートの裾でお尻を隠すと、恋愛が生まれる可能性を下げていることに。逆に、自分のヒップラインをきれいに見せてくれるジーンズやパンツは恋愛の秘密兵器となるのです。

そして〝適度な着くずし〟も、一目ボレを促す服装だと考えられます。型にはまった服装や、誰かの真似をしたような ファッションは「どこかで見たことがある」と思われ、相手の心に印象を残すことができません。

ところが、一味違った着こなしをしていると「あれ、この人何か違うぞ？」という印象を残すことができるのです。

こうした現象は**認知的不協和**（①）と呼ばれるものです。

相手の服装がおかしなことに気付いた人は「どうしてそん

なファッションなの？　この人のことをもっと知りたい‼」と思うようになり、それが恋の始まりになる可能性があるのです。

　でも奇抜すぎるファッションや不潔な服装はＮＧ。程度や加減は実践で学ぶしかないかも⁉

①認知的不協和

常識には収まらない現象や事物に遭遇すると、人の心には不協和が生じる。それを解決しようと、人は対象に接近する。スーツを着た店員と、スーツの上に割烹着を着た店員がスーパーで試食販売を行ったところ、販売成績はスーツ＋割烹着の店員が勝利したという報告もある。この時客は、割烹着の店員に認知的不協和を覚え、関心を深めたのである。

お悩み相談室

今回のお悩み

「プライドの高い人が苦手、できればかかわりたくないです」

身長が高い人はプライドも高い？

プライドの高い人というのは、ちょっとした冗談で神経を逆なでされてしまいます。

プライドの高い人と接する場合、相手のことをよく知らずに軽口を叩いていると、思わぬ反撃を食らうこともあるでしょう。

相手の顔色を窺うようなコミュニケーションを嫌う人にとっては、プライドの高い相手というのは付き合いにくい対象と言えます。

実は、相手のプライドが高いか低いかを、簡単に見分ける方法があるのです。

それは、ずばり「身長が高いか、低いか」。フロリダ大学のティモシー・ジャッジ博士は、高身長な人ほどプライドが高い傾向にあるという説を発表しました。

もしも身近に高身長な方がいる場合には、「この人は高いプライドの持ち主かもしれない」と、予想しておくことが賢明でしょう。

場合によっては、その相手とのかかわり方を考え直すべきかもしれません。

ただし、プライドの高い人を避けるためとはいえ、高身長の方からあまりにも距離を取って接していると、いつかあなたが不利益を被る可能性があります。と言うのも、高身長の人が、いずれあなたの人生に影響を及ぼすかもしれないのです。

リバプール大学のメラメッド教授が、人物の身長と出世の関係を調べたことがあります。ある会社の従業員を対象に、彼らの身長と会社内の地位を基準に分類を行ったのです。

すると、男女の違いを問わず背の高い人ほど高いポストを得ていることがわかりました。身長と出世は比例関係にあったのです。

つまり周囲にいる背の高い人物は、やがてあなたより上の立場になるかもしれず、職場内であればあなたの上司になるかもしれません。

そのとき、相手から悪印象を抱かれていては、出世にも悪影響が出ます。上手なコミュニケーションを心がけましょう。

アドバイス

背の高い人に近付かないようにしましょう

ルックスを近付ければ愛しいあの人と恋人になれるかも

釣り合いのとれた相手になると距離が縮まる

〝似た者夫婦〟という言葉がありますが、外見が似ている者同士がひかれ合うという現象は、科学的にも検証されています。

心理学者のマースティンは、99組のカップルの写真を用意し、男女8人の評定者に身体的魅力度を1〜5点で採点させました。

すると、カップル間の点差が0・5点以下――つまり、ルックスの釣り合いが取れたカップルが60組、0・5点以上の差が出た、見た目に不釣り合いなカップルが39組になったのだそうです。

その後、カップルの組み合わせをバラバラにして同様の実験を行うと、0・5点以上の差を示すカップルの数が増えることに。

こうした結果から、マースティンは「美男子は美女と、普通の男性は普通の女性と交際している場合が多い」と唱え、これを「**マッチング仮説**（①）」と名付けました。

この説を逆利用すると、外見を相手に近付ければ気持ち

似た者カップル 60組
＞
アンバランスなカップル 39組

を自分に向けてもらえる可能性がアップすると言えるでしょう。

相手とルックスのレベルがあまりに異なる場合は、性格のよさ、知識、地位といった別の資産で補いましょう。相手にとって釣り合いの取れた人物になれば、思いが届きやすくなるはずです。

①マッチング仮説
人がパートナーに選ぶのは、自分と身体的魅力の釣り合いが取れた相手であるとする説。提唱者のマースティンは、結婚相手の選択は身体的魅力を交換し合う市場であるとし、美しさを資産ととらえた。同程度の資産を交換し合うことが、結婚だと考え、身体的魅力が不釣り合いな場合は、社会的地位、性格、頭のよさといった別の資産で、バランスが取れているのがいいカップルの条件となる。

パーツの好みによって男性の性格＆行動が分析できる！

巨乳好きは肉食系貧乳好きは草食系

与太話の最中に「何フェチ？」という話題になることがありますよね。フェチとは、〝性的嗜好〟を意味する「**フェティシズム**（①）」という言葉の略。

異性の体のどの部分に興奮を覚えるかというきわどい話題も「何フェチ？」と尋ねることで、いまや気軽に聞き出せる状況です。

ところで、異性のどのパーツが好きかによって、性格分析ができることをご存知ですか？

心理学者のウィギンズは、男性に、女性の胸・尻・足のシルエットを提示し、パーツの好みと、男性の性格や行動特性の関連性を探り出しました。

巨乳好きの男性は外向的で活発。小さいバストを好む男性は抑圧的で従順。ヒップの大きな女性が好きな男性は、受け身で罪悪感が強い。小さなヒップが好きな男性は忍耐力がある。細い足が好きな人は自己顕示欲が強い。太い足が好きな人は控えめな性格……といった具合です。こうしたデータを女性が知っていれば「自分がどんな男性から好

好みでわかる あの人の性格
大きなお尻が好きなんて人に言えない！
貧乳を好みます…
巨乳が好きだ!!
・強い罪悪感
・強迫観念
・抑圧的
・従順
・草食系
・外向的
・スポーツマン
・肉食系

かれやすいのか」がわかりますよね。

話は少し変わりますが、「男性は長く付き合いたい」と望む女性には見た目のセクシーさを求めないことも、研究によって知られています。

意中の相手に迫る予定の女性は覚えておいてください。

①フェティシズム
心理学でいうフェティシズムは、異性の体の部位や身に付けていたものなどに興奮する性的倒錯の傾向を指す。精神医学でも、性的対象の歪曲を指し、定められたガイドラインに従って専門家がその診断を行う。性衝動が抑えられず生活に支障が出て初めてフェティシズムと認定されるのだ。「○○マニア」「○○が好物」などの意味で軽く使用されるケースは、本来の意味からすれば誤用である。

企画力や営業成績より ルックスが出世に 大きく影響する!?

ルックスを磨けば出世への道が開ける！

社会に出たら実力勝負！　周囲に認められたかったら、1本でも多く企画を立てて、1円でも多く売り上げて……というのは、実は間違いかもしれません。

それよりも、見た目を磨いた方が社会的な地位が向上するとの説があるのです。

ピッツバーグ大学のアイリーン・フリーズ博士は、700人を超える顔写真を集め、2人の審査員に5点満点でハンサム度を判定させました。

その採点結果と写真の人物たちの年収を突き合わせてみると、4〜5点を得た人は2点の人たちよりも5200ドルも年収が多かったのだそうです。

また、5点と評価された人物と1点と評価された人物では、最大で1万ドルもの収入差があったことが報告され、フリーズ博士は「顔立ちのよさは収入の多さに影響する」という結論を導き出しました。

また、ジョージア大学のブライアント博士は卒業アルバムに写った卒業生の顔写真を10点満点で採点。高得点だっ

ハンサムの方が
出世する！
わーい
年収に
5200ドルの
差が!!
ウソだろ
……
4～5点の男たち
2点の男たち

た卒業生のほとんどが、12年後に出世していたと報告しました。

ハンサムが出世にどう影響するのかはともかく、こうした事実がある以上、顔立ちがいい方が得なのは間違いなさそうです。

※韓国の整形事情
日本ではプチ整形なる言葉が流行し、簡単な整形手術への抵抗が薄れてきている。だがお隣韓国は、日本以上に整形に寛容。社会に出てからのことを考えて、親から子どもに卒業祝いとして美容整形のプレゼントを行うこともあるほど。女性の間には「美容整形は美しくなるための努力の一種だ」との考えも。芸能人の間では整形のカミングアウトが流行し、「誠実だ」と人気が高まる現象も起きている。

部下が失敗しても無視すれば一人前に育つ

叱られると人は気力を失う

後輩や部下を一人前に育て上げるには、褒めるべきか、叱るべきか？　一般的には、望ましい行動をしたときに褒め、怠けたり失敗したりしたときは叱責することで、後輩を成長させていく方法が取られています。いわゆる「**アメとムチ**（①）」で、相手を正しい方向へと導く作戦です。

ところが、最近ではこの「アメとムチ」を疑問視する声が強まっています。マウスを使って、T字路を右に曲がるとクッキーがあり、左に曲がると電流が流れる装置で実験を行うと、マウスはたちまち「右に曲がることが自分のためになる」ことを学習するそうです。

しかし、左に曲がったときの電気ショックが強すぎると「これ以上動き回ったらもっとひどい目にあうかも⁉」と判断し、マウスはまったく動かなくなってしまったのです（②）。

これは、人間に置き換えると「叱りすぎた部下は働かなくなる」ことを意味します。ペナルティが日常化すると絶望感が心に染みつき、いつまでも失敗のイメージを引き

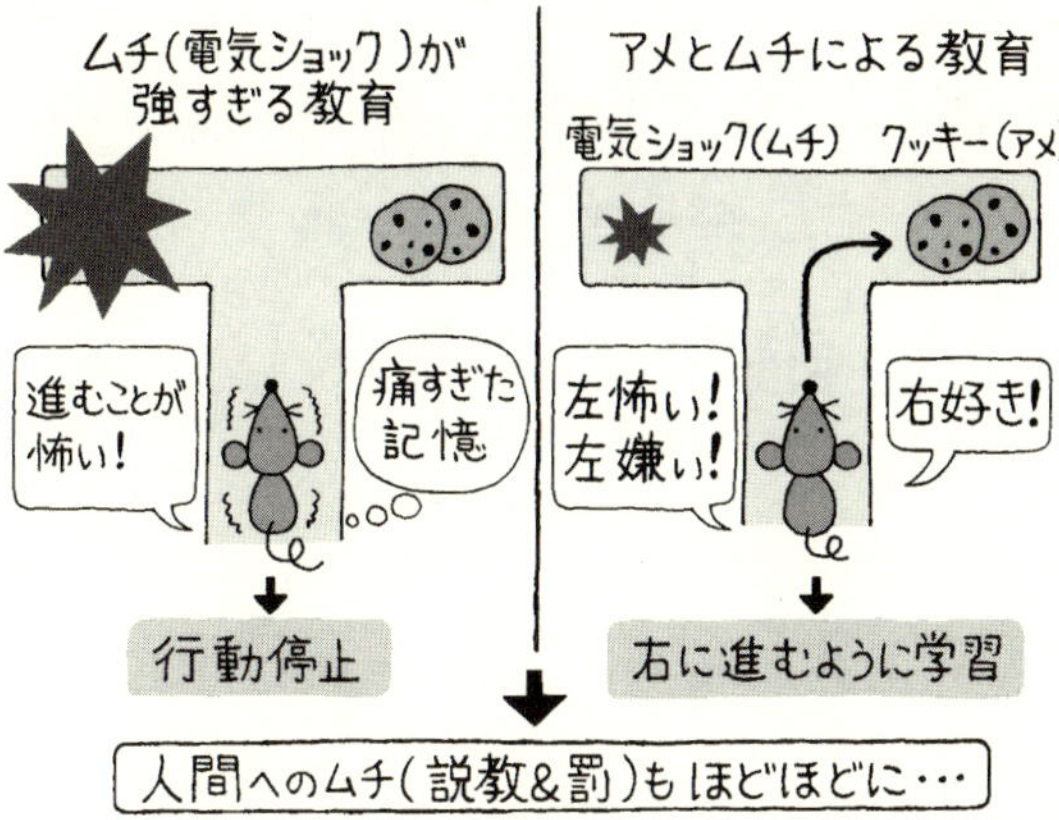
ムチ（電気ショック）が
強すぎる教育
進むことが
怖い！
痛すぎた
記憶
行動停止
アメとムチによる教育
電気ショック（ムチ）
クッキー（アメ）
左怖い！
左嫌い！
右好き！
右に進むように学習
人間へのムチ（説教&罰）もほどほどに…

ずってしまうことになるのです。成功したときには必要以上に褒め、失敗したときには〝見なかったこと〟にして周囲がフォローするのがベター。いわば「アメと無視」が、行動心理学的には正しい部下の育て方なのです。

①アメとムチ
19世紀のドイツで、ビスマルク宰相は弾圧のための法規と国民生活のためになる政策を同時に実施。そうした民衆懐柔策が「アメとムチ」に例えられた。

②適応
強い電気ショックを受けたマウスは「ジッとしていた方が安全だ」と判断し、実験の状況に適応した。これはムチが教育上逆効果であることを表す。ちなみに、動かなくなったネズミはストレス性胃潰瘍を発症していたと言う。

相手を説得したいなら食事の席で説き伏せるべし

口を動かしている間は注意力が散漫になる

アメリカの心理学者のラズランは、1930年代に食の快楽と食事中の記憶についての関係性を研究し、「食事中に提示された意見は好意的に受け取られる」という結果を発表しました。

ラズランによって「**ランチョン・テクニック**（①）」と名付けられた〝食事中の交渉術〟は、多くの人に様々な場面で活用されています。

なぜランチョン・テクニックが有効かという理由に関しては諸説があるようです。

口の中に物が入っているため、納得しがたい意見を耳にしても反論しにくく「今はいいか」と思ってしまうからだという説や、口を動かしている間は注意力が散漫になり、冷静な判断ができなくなるからだといった説が知られています。

ランチョン・テクニックの存在を知らなかった人も、誰かに相談を持ちかけるときに「ちょっとご飯にでも」と誘いをかけたことがあるのではないでしょうか。

政治家たちが大事な話を会食の場で話し合うのもランチョン・テクニックによるものです。

食事を共にすることで、相手に心を開いてしまったことがある人なら、ランチョン・テクニックの効果を知っていることでしょう。

①ランチョン・テクニック

〝食事中に提示された意見は信じられやすい〟という現象に基づく交渉術。その信憑性を確かめる実験では、被験者にピーナッツやガムを口にしながら論文を聞いてもらったところ、何も口にしていなかった人たちが「これ本当なの？」と疑った論文にも、多くの人が納得の態度を示したという。効果を高めるためには、相談する側が食事の提供者となることが望ましいとされている。

お悩み相談室

今回のお悩み

「賢い人が好き。頭がよいか悪いかを見分ける方法ってないの？」

外見は内面を表す？　近視に秀才多し

頭のよい人というのは、カッコよく見えるもの。いざというときに頼りになるし、せっかくお付き合いをするのなら賢い人の方がいい。そう考えてしまうのも仕方ありません。

しかし、人間の知性というものはちょっと話しただけでは測ることはできず、ましてや初対面の、まだ話したこともないような相手の場合はなおさらです。素敵な男性だと思ったのに、話してみてがっかり……。そんな事態はなるべくなら避けたいものです。

さて、賢い人と仲よくなりたいなら、メガネをかけた人に話しかけてみましょう。マンガやドラマなどに登場する〝賢い〟キャラクターは総じてメガネをかけているもの。現実世界でも何となく、メガネをかけていると頭がよく見えてしまいます。

実はこれ、心理学の実験である程度実証されているのです。

実験を行ったのはアメリカの心理学者カミラ・ベンボウ。アメリカでは当時、12歳の児童を対象に全国で学力テストが行われていました。彼女はその試験結果を取り寄せると、全体でも特に優秀な児童４００人のデータを調べ上げたのです。

　すると、対象者の６割が近視であることがわかりました。この数字が、当時の12歳児童における近視の割合と比べ約４倍であったことを考えると、おのずと結論は導き出されます。賢い人がメガネをかけている確率は、確かに高かったのです。ただしこの場合単に〝近視〟というだけなので、コンタクトレンズの児童も含まれる点に注意しましょう。ちなみにベンボウ女史はメガネのほかに「左利き」「アレルギー体質」であることも賢い人に多く見られる特徴として取り上げています。

　どうしても賢い人と知り合いたい、付き合いたいという人は、こちらもぜひお試しください。ただし、見ず知らずの人に突然、「あなたはアレルギー体質ですか？」と尋ねても、いぶかしがられるだけかもしれませんが……。

アドバイス

メガネをかけた人に狙いを定めましょう

「ということは？」で相手がホンネを語り出す

呼び水を与えて相手のホンネを聞き出す

心理学では、自分の行為や発言が途中で中断させられると不安な気持ちになることが知られています。

この現象を発見したロシアの心理学者の名前から、「**ゼイガルニク効果**（①）」と呼ばれます。

連続ドラマや連載マンガなどが、いいところで終わってしまい、「続きが見たい」と思うのは、ゼイガルニク効果によるものです。

もしも話をしている相手が態度を決めかね、何を考えているのかがわからないときは、ゼイガルニク効果を狙ってみましょう。

相手がぼんやりとした意見を述べた直後に「ということは、つまり……」と呼び水を差し向けてあげれば、「つまり、賛成ということです」「つまり、私は反対です」などと、意見の核心を語ってくれることでしょう。

というのも、目の前の相手は中断された会話の続きが気になるあまり、自分の気持ちを思わず口にしてしまうのです。

それでも、答えをはぐらかされたときは、改めて「では、

"言葉の中断"で引き出す相手の本音
①あなたは姑さんの小言が…？
②ゆううつでなりません
③ということは…？
④義母がニガテです

結局のところ、あなたはこの意見に賛成して……」と、さらにもう一段階踏み込んだ誘い方をしてみましょう。

賛成して「いる」のか「いない」のかだけを答えればいい状況を作り出すことで、相手の答えを引き出すのです。

①ゼイガルニク効果
物事が途中で中断されると、人はもの足りなさを覚え、続きを欲するようになる。そんな心理作用を発見者の名前からゼイガルニク効果と呼ぶ。相手から好感を持たれたいと考えるなら、ダラダラと長時間をすごすよりも、会話が盛り上がったところでその場を後にする方がいい。ゼイガルニク効果によって、相手は「この人ともっと一緒にいたかったのに」と思い、再会の約束がまとまりやすくなる。

長く付き合う相手には最初に長所をアピールすべし

第一印象がよければ、欠点も好印象になる

1946年、社会心理学者のソロモン・アッシュは、人の性格の特徴を並べた2つのリストを用意し「どんな人物が連想されるか」という**印象形成実験（①）**を行いました。ひとつ目のリストには「知的、勤勉、強力、批判的、頑固、嫉妬深い」と書かれ、2つ目のリストには「嫉妬深い、頑固、批判的、強力、勤勉、知的」と書かれていたそうです。よく見れば、どちらのリストも順番は違えども書いてある内容は同じです。

しかし、リストを見た人は、前者を〝欠点はあるが能力がある人〟と受け止め、後者を〝欠点のために能力を発揮できない人〟ととらえました。この結果は、最初の要素が印象の核となり、後半の要素のとらえ方が変化してしまったことを意味しています。

アッシュの実験は、自己紹介やプレゼンテーションで、長所を最初に述べるのが大事だということを物語っているでしょう。出会ったばかりの相手に好印象を与えられれば、後で失敗をしても「愛敬がある」「人間味がある」ととら

なるほど
① 私は頑固なところもあります
頑固な人なんだ…
② 仕事への情熱では負けません！
最初に言った言葉の方が印象に残りやすい

えてもらえます。

しかし、嫌われている状況では「やっぱりどうしようもないヤツだった」と評価されてしまうのです。自分に有利な人間関係を築くには、最初に長所だけをアピールするのが秘訣です。

①印象形成実験
性格を書いた2つのリストを使ったアッシュの実験は印象形成実験と呼ばれている。この実験を重ねたアッシュは、2つのリストの間で「温かい」「冷たい」という言葉を入れ替えると、印象が大きく変わることを発見。印象形成の核となる「温かい」「冷たい」のような要素を〝中心的特性〟と名付けた。そして、中心的特性の影響で印象を変える要素を〝周辺的特性〟と呼んだのだった。

会議の質を高めるには各自が前もって意見を用意すること

討論は思考の停止を助長する

ひとつの議題について、多くの人が「ああでもないこうでもない」と意見をぶつけ合う様子は、活発に見えるものの実はかなり非効率的です。結論が出ないまま、会議がダラダラと長引いていくこともあるでしょう。一見活発に見える討論の場が、ある人にとってはサボりの場になっているという事実も見逃せません。

それを物語るこんな調査結果があります。

小学校の理科の授業を、あるグループは集団討論形式で行い、別のグループは研究発表式で実施しました。すると後者のグループの方が、高い理解度を示したのです。この結果は、集団の中にこっそりサボっている人がいたためだと言えます。

これを会議や打ち合わせに当てはめてみましょう。会議が長引くうちに、下手をすると出席者全員が「誰かが何とかしてくれるだろう」と思い集団的手抜きが発生する恐れもあります。それでは、会社の先行きは暗いと言わざるをえません。運よく結論が出たとしても、それは多数派に**同**

各自が意見を用意しておくと…
Dはどう？
Aだ！
Bよ！
Cかも
盛んな意見交換が!!
何の準備もないまま会議を始めると…
Aなのかな…
Aだ！
Aね
ダラダラとした会議に

調（①）しただけである可能性も否めないのです。

そうしないためには、会議には各自が考えた意見を持ち寄るのが理想。会議室は、全員が議題について真剣に考える場となるでしょう。

①同調

集団において、個々の態度は多数派が示す規範に近付いていく。そうした様子を〝同調〟と呼ぶ。心理学者アッシュは、基準となる線と同じ長さの別の線を選び出す実験を行った。6～8人のサクラがわざと誤った解答を示した後は、30パーセント以上の被験者が同調を示したという。また、何度も実験を繰り返す中で、一度も同調した態度を示さなかった人は、全体の20パーセント以下だったとのこと。

二面性を指摘すれば「私のことがわかってる」と相手は感じる

性格を断定してくれると認められた気分になる

星占いや、血液型占いの本には「あなたは明るい性格だと思われているが、実は内向的で思慮深い面も併せ持っている」「奔放に生きたいと思う一方で、実は辛抱強い性格ですね」といった文言が並んでいます。

多くの人が、自分のことを言い当てられたような気になることでしょう。

その理由は、アメリカの心理学者・フォアによって解明され、「**フォアラー効果**（①）」と名付けられています。

フォアは、学生に架空の性格診断を行い「あなたは○○な性格だが、▲▲な面もある」といった、診断結果をランダムに配布しました。そして、結果が当たっているかどうかを、学生に0～5点で採点させ平均点をはじき出したのです。すると、スコアは4・26点となり、多くの学生が診断結果を正確だと思い込んでいたことがわかりました。

人には、誰かに認められたいという欲求があるため、性格を断定されることに飢えています。

そんなときに二面性を指摘されると、心の奥をのぞかれ

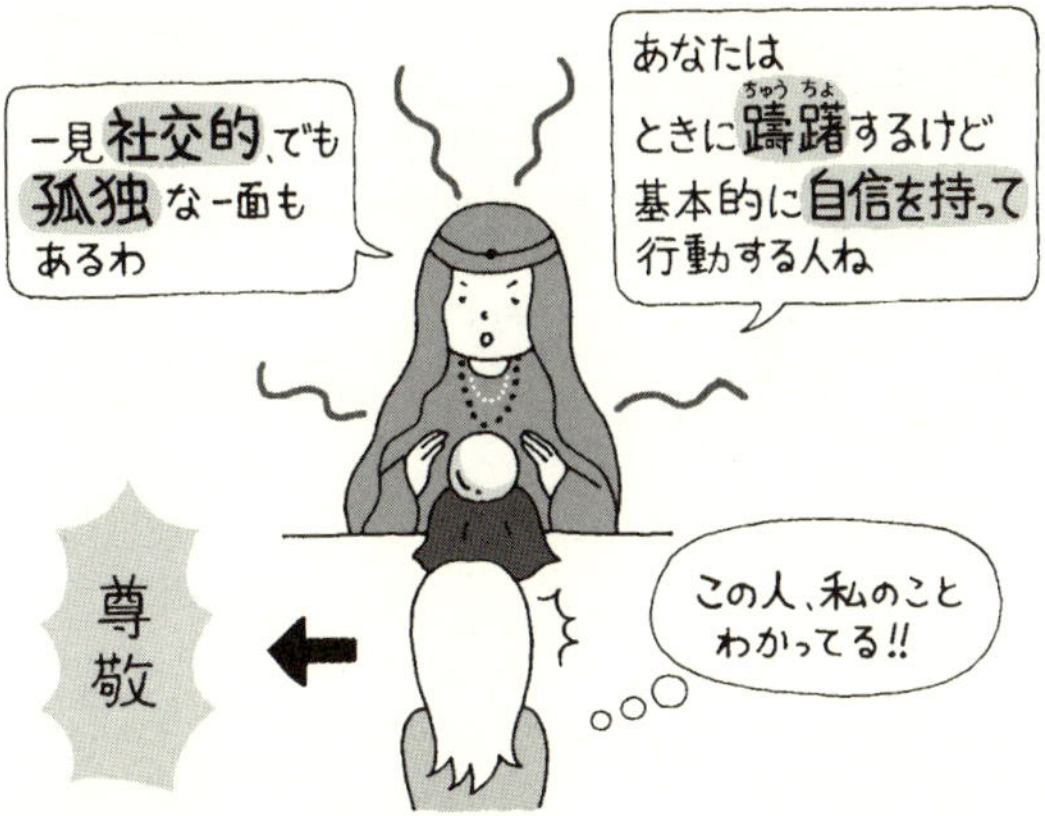
一見社交的、でも
孤独な一面も
あるわ
あなたは
ときに躊躇《ちゅうちょ》するけど
基本的に自信を持って
行動する人ね
尊敬
この人、私のこと
わかってる!!

たかのような錯覚に陥り「何で私のことがわかったの？」と驚いてしまうのです。逆にフォアラー効果を使って「あなたは○○ですが、▲▲な面もありますね」と伝えれば、相手から信頼されるかもしれません。

①フォアラー効果
人は、断定的な言葉で二面性を指摘されると、心の奥をのぞかれたと錯覚し、相手の洞察力に感服してしまう。これは心理学者フォアによって発見され、フォアラー効果と名付けられた。後の研究で、前向きな言葉が多く、評価が自分だけに向けられていると信じているほど、効果が高まることが判明した。心理トリックを得意とする奇術師バーナムの名前にちなんで「バーナム効果」の別名もある。

相手が気付いていない長所を指摘すれば特別な存在になれる

自分の知らない長所を褒められたがっている

たとえば、美人女優に「キレイですね」と声をかけたとしましょう。そんなことは、周囲の誰もが知っています。おそらく彼女自身も美貌に自負があるでしょうから、愛想笑いはしてもらえても、それ以上の関係を築くのは難しいでしょう。

ところが「ときどき見せるもの悲しい表情が好きです」「しぐさから知性を感じることがあります」などと声をかけたら……。きっと彼女は「私、そんな顔をすることがあるんですか？」と、興味を示してくるでしょう。人は、自分で意識していなかった長所を指摘されると、激しい反応を示す習性があるのです。

そのことを示す、「**ジョハリの窓**（①）」という心理モデルがあります。それによると、人の心は、①自分も他人も知っている領域、②自分だけが知っていて他人は知らない領域、③他人は知っているが自分が気付いていない領域、④自分も他人も知らない領域、という4つの〝窓〟があるというのです。

一番嬉しい〝褒められポイント〟は「自分の知らない自分」

自分
知っている
自分
知らない
他者
知っている
ここを
ホメられたい
誰もが知る自分
自分の知らない自分
他者
知らない
隠している自分
誰も知らない自分

中でも、人を褒める場合は第3の窓が狙い目。

他人は知っているが自分は気付いていないパーソナリティを知らされると、〝知らなかった自分に気付かせてくれた人〟〝可能性を見抜いてくれた人〟として特別視されやすくなるのです。

①ジョハリの窓
2人の心理学者、ジョセフとハリーが考案した「対人関係における気付きのグラフモデル」のこと。パーソナリティを、自分も他人も知っている要素、自分だけが知っていて他人は知らない要素、他人が知っていて自分だけが知らない要素、自分も他人も知らない要素に4分割し、格子窓のような図に示して分析。コミュニケーション能力の向上に役立てる。〝ジョハリ〟は2人の考案者の名が由来。

お悩み相談室

今回のお悩み

「部下が怠けてばかりいます」

人は生まれながらに怠けてしまう生きもの

初めて自分の部下を持った人にとって、最初にぶつかる壁は「いかにして部下に熱意を持って働いてもらうか」でしょう。人間の感情というものは不安定なもので、つねに同じ状態を維持するのは難しいものです。くわえて多くの部下の仕事ぶりをひとりで完全に把握するのは困難。ふと目を離したスキに、部下がだらけて手を抜いている、なんてこともときにはあるでしょう。そこでアドバイスです。

それはひとつの仕事に当たるメンバーの数を必要最小限に減らしてみること。なぜなら人は集団の人数が増えれば増えるほど、手を抜いてしまう傾向があるためです。

アメリカの社会心理学者ラタネが、実験で6人の被験者に拍手をしてもらったところ、ひとりで拍手をしたときと比べて、それぞれが3分の1の力しか発揮していなかったことがわかりました。

何度やってもこの傾向は変わらず、しかもこのとき、被験者たちは自分が力を抜いていることを意識していませんでした。人間の「手抜き」本能を窺い知ることができます。

　また、フランスの研究者リンゲルマンによる「綱引き実験」も、同様の結果を示しています。綱引きを2人（左右4人）、3人（同6人）、8人（同16人）の3パターンで行わせたところ、2人で綱を引き合った場合、それぞれが自分の筋力の93パーセントを発揮していた一方で、3人の場合は85パーセント、そして8人の場合は49パーセントしか力を発揮していなかったことがわかったのです。

　もしもあなたが、あるプロジェクトを任されていた場合、プロジェクト・メンバーの数があまりにも多い場合は要注意です。無意識的に手を抜くメンバーが現れ、作業効率を下げる可能性があります。

　チームを少数精鋭にしたり、ひとつのプロジェクトの中でも「君にはこの作業を任せる」と、具体的にターゲットを絞って仕事に取り組ませることが、手抜きを防ぐには有効です。

アドバイス

ひとつの仕事には少数で取り組ませましょう

助言すればするほど仕事の効率は悪くなる!?

□うるさく言いすぎるとお互いが損をする

あなたに仕事の部下がいたとします。彼の仕事ぶりが悪ければ、やはりあなたは上司として注意したり、**助言**（①）したりするでしょう。部下の改善点を指摘することで、相手のパフォーマンス（仕事効率）が伸びる……ように思うかもしれません。

今度はあなたが上司から助言を受けたとします。「そこはそうするところじゃない」「こうした方がスムーズだろう」など言われると、どう感じるでしょうか。

もちろん素直に聞く人もいると思いますが、だいたいの人は「自由にさせてくれよ」と心の中で舌打ちをするのではないでしょうか。

ジョージア技術研究所のニコラス・ルーリーは、商品の仕入れを模した実験を行いました。30回の仕入れを行うときに「こうするべきだ」という助言を、毎回与えた人と、3回ごとに1回与えた人、6回ごとに1回与えた人の仕事効率を比較したのです。

すると、毎回助言を与えた人の仕事効率が一番低下した

商品の仕入れを30回、行う
ああしろこうしろ
ああだこうだ
アドバイス
6回に1回
3回に1回
毎回
ペラペラ
えーと
うーんと
良
作業効率
悪

という結果に。助言を受けすぎたために、混乱してしまったのです。仕事効率がもっともよかったのは、一番助言を与えなかった6回ごとに1回の人でした。

つまり仕事においては、あまり口出しをせず、その人なりのやり方に任せるのが効率的なのです。

①助言

フィードバックともいう。フィードバックには、ある過程で導き出された結果を、これから導き出そうとする側に戻すという意味合いがある。つまり先駆者（上司）が経験した効率を上げる方法を、部下に提示することだ。心理学では褒めたりすることを正のフィードバック、否定することを負のフィードバックという。助言は知らず知らずのうちに、負の方面へ向かっていることが多い。

成功率50パーセントの目標を掲げると人はやる気を出す

成功するとわかっていると手がつきにくい!?

人間は将来設計であったり、目先の仕事の成功であったりと、大なり小なりの目標を持っています。しかし目標があるのに、どうしても**やる気**（①）が起こらず怠けてしまう、というときがあります。

心理学者のアトキンソンは、そうしたやる気の強さは「**達成動機**（②）の強さ＋本人が思う成功確率＋成功した際の報酬」という方程式によって導き出されると言いました。

ここで重要なのが、本人が思う成功確率の部分です。単純に考えると、成功確率が高い方がやる気も触発されると思えるのですが、おもしろいことに実はそうでもないのです。アトキンソンは小学生たちを集めて、輪投げを使った実験を行いました。

まず小学生たちに、確実に成功すると思う距離と、確実に失敗すると思う距離を聞いておきます。

その後好きな位置から、実際に輪投げを行うように指示しました。

すると彼らが一番多く選んだのはちょうど中間。半分の

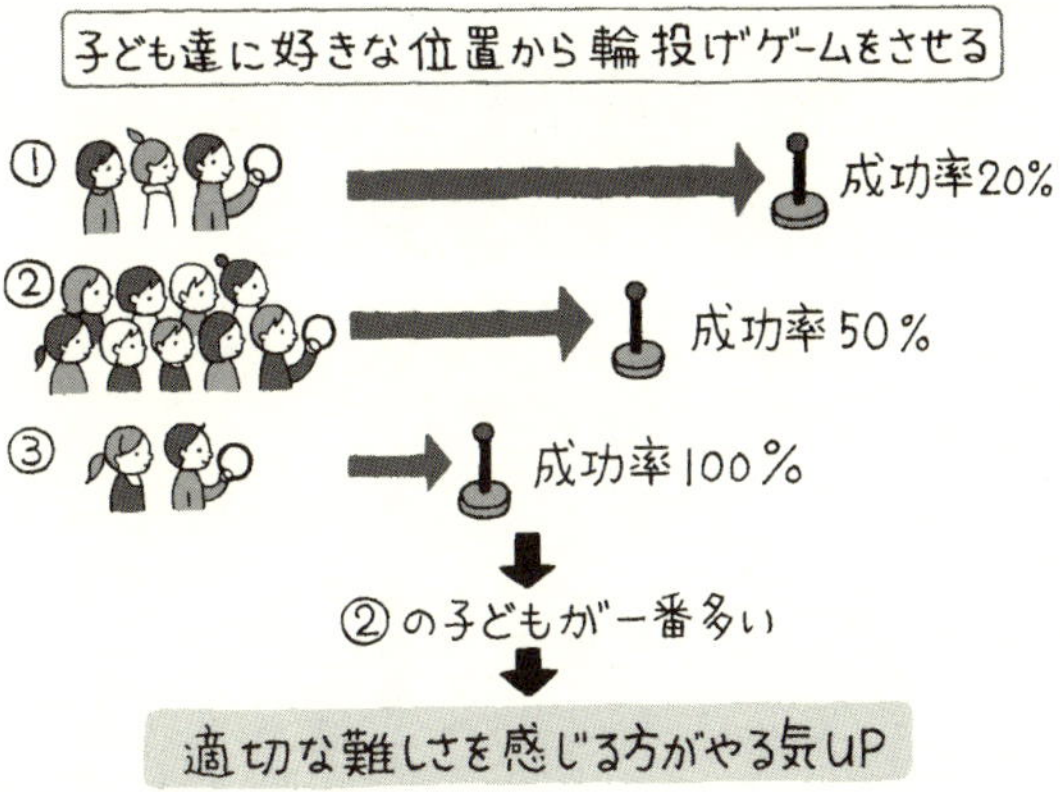
子ども達に好きな位置から輪投げゲームをさせる
①
成功率20%
②
成功率50%
③
成功率100%
②の子どもが一番多い
適切な難しさを感じる方がやる気UP

確率で成功すると思われる場所でした。

つまり人間は、確実に成功する、確実に失敗するとわかっている目標より、半分くらいの確率で成功するかもしれない、と思う目標の方がやる気を出すということなのです。

①やる気
目標達成のために発揮するモチベーション。行動の動機付けという。この強さと主観的な成功確率の関係は、逆U字形を描く。成功するとわかっていてもやる気が起きないし、失敗すると思っていても同様。適切な難易度を感じる目標の方が、やる気も大きくなる。

②達成動機
仕事を片付けたい、引っ越したいなど、目標を成し遂げたいと思う気持ち。

感情に訴えれば部下の反発を受けない

人間は理屈ではなく心で動く生きもの

当たり前ですが、仕事内容に比べて給料が安いと感じると、人間は反感を抱きます。

特にアメリカの労働者の反感は凄まじいもので、勤め先の商品や機械部品を盗むという事件が頻発しています。国全体の被害総額は、年間数十億ドル以上にも及ぶのだとか。

ここでグリーンバーグという心理学者が、盗難抑制のための実験を行いました。

どちらも同じ条件で、労働者の給料を引き下げるという工場Aと工場Bに焦点を当て、その説明方法を比較してみたのです。

工場Aでは、社長自らが労働者たちに対して、給料カットの申し訳なさや、決断に踏み切るまでの苦悩をしつこく繰り返して説明しました。

工場Bでは、社長ではなく副社長が労働者たちに対して、業務的に給料カットの話をしただけでした。

すると結果は歴然。給料カット前の労働者たちの盗難率は、工場A、B共に同じくらいだったのですが、カットが

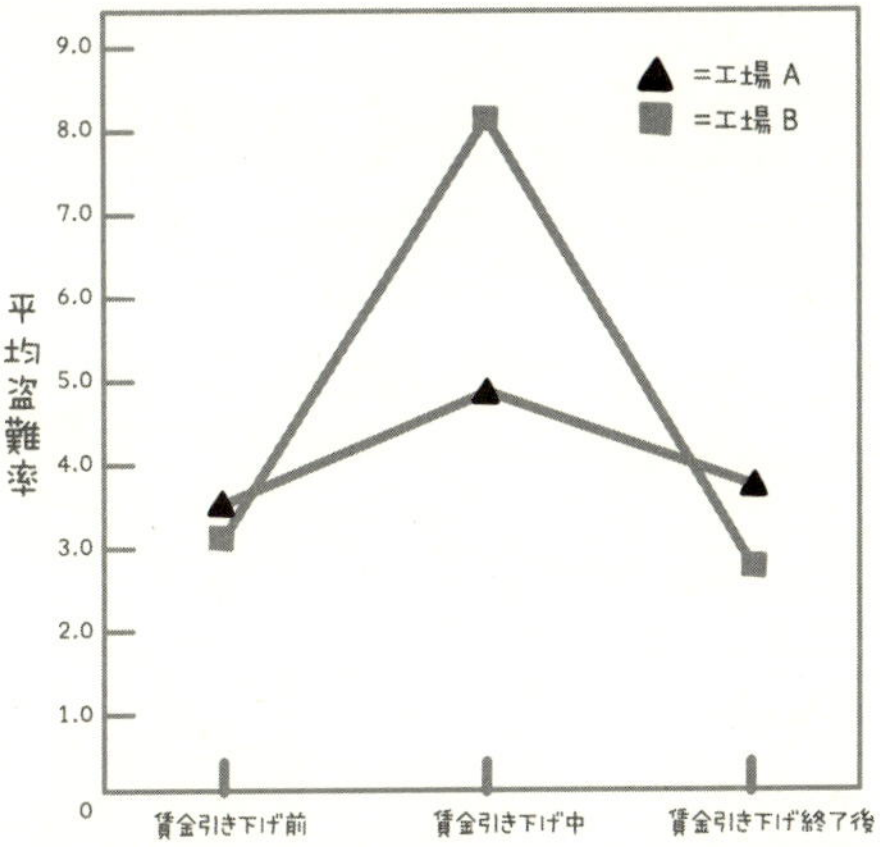
9.0
8.0
7.0
6.0
5.0
4.0
3.0
2.0
1.0
0
平均盗難率
▲ =工場A
■ =工場B
賃金引き下げ前
賃金引き下げ中
賃金引き下げ終了後

Greenberg,©1990

グリーンバーグの実験

賃金が低いと社内で
盗難発生率が上がる

↓

賃金低下の理由を
感情を込めて
説明したA社は

盗難率が低い!!

始まると工場Bの盗難率が圧倒的に伸びたのです。

工場Aもわずかに伸びましたが微々たるものでした。人間は理屈ではなく、感情に訴えかけると反感が抑えられるのです。

敵にしたくない相手の正面には座らない方がベター

賛成意見の持ち主を正面に座らせよう

あなたが会議の場で、参加者全員がひとつのテーブル、あるいはロの字形テーブルに着席したときのことを思い出してみてください。

正面の席に座っている人からは、割と反対意見が出やすいのではないでしょうか。

何度も会議を重ねていると、以前に議論を交わした相手は、だいたい自分の正面に座る傾向にあることがわかります。会議の席で人間は、今回の議論もまた対立するだろうと思われる相手の正面に座りたくなるのです。その理由は向かい合っていた方が、話を展開させやすいという心理が働くからです。

このことは、少人数の集団についての心理を研究する**スティンザー**（①）という学者が明らかにしています。反対意見を持つ人が正面に座りやすく、向き合っていたら全体で話をしやすい。

逆に隣には賛同意見を持つ人が座りやすく、全体で話をしにくいのです。

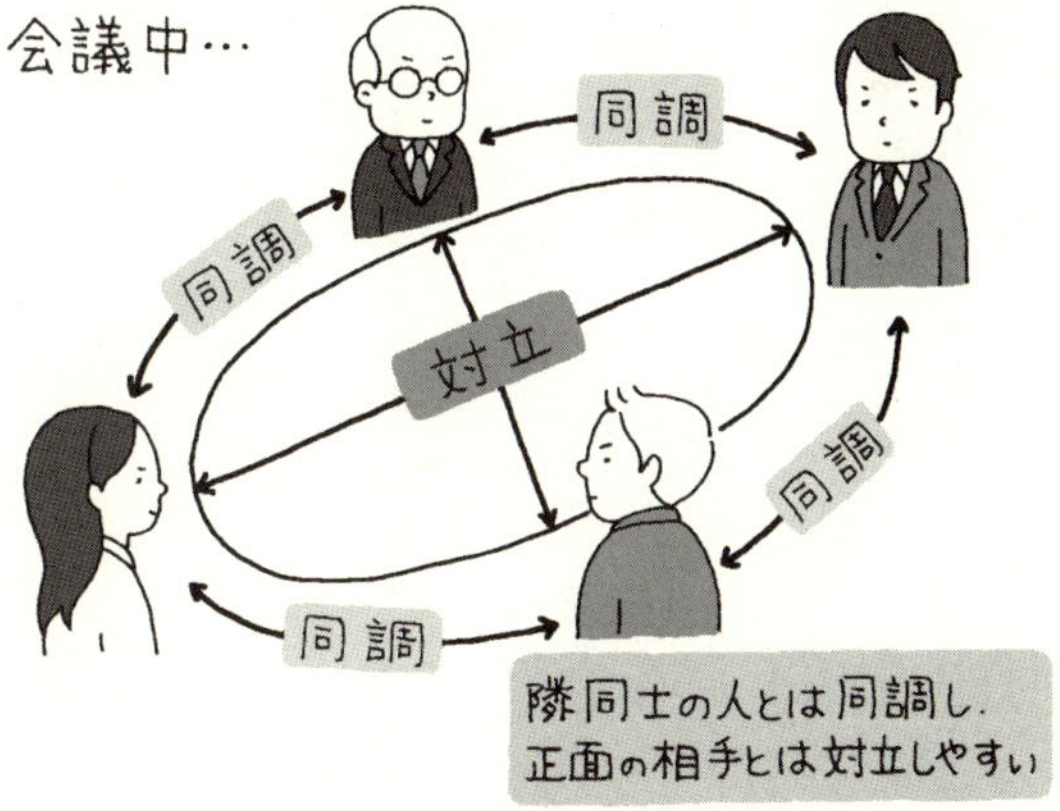
会議中…
同調
同調
対立
同調
同調
隣同士の人とは同調し、
正面の相手とは対立しやすい

あなたが会議で通したい案件がある場合、賛同意見の持ち主を正面に座らせて、反対意見の持ち主を隣に座らせてみましょう。

隣からは意見が切り出しにくくなるので、会議もスムーズに進行するはずです。

①スティンザー
アメリカの心理学者。彼の会議の席における心理は、スティンザー効果と呼ばれている。「反対意見を持つ相手は、正面に座る傾向にある」「ある発言が終わったとき、次に発言するのは反対意見を持つ者が多い」「議長のリーダーシップが弱いと正面同士で話したがる。強いと隣同士で話したがる」の3つの特徴を指す。最初の2つは企業の会議でもスムーズに進行させる戦略として応用されている。

お悩み相談室

今回のお悩み

「プレッシャーに弱い部分を直したいです」

たとえ優秀な部下でもプレッシャーはNG

大きな仕事を任せられると、どんな人でもプレッシャーに押しつぶされてしまうもの。仕事上で成長していくために、プレッシャーの重圧は避けて通れないのだと、ある程度は覚悟しておいた方がよいでしょう。重く受け止めないことです。

それでも気になってしまう方のために、心理学の観点からある事実をお教えしましょう。それは「頭のいい人ほど、プレッシャーに弱い傾向がある」という事実。

あなたが極度のあがり性で、プレッシャーにめっぽう弱いのは、そのままあなたの優秀さの証明かもしれないのです。

マイアミ大学のシアン・ベイロック博士が93名の学生を対象に、プレッシャーを与えた状況で数学の問題を解かせるという実験を行ったことがあります。

学生たちが問題を解いている状況はビデオ撮影され、さらにはそのビデオが後に第三者によって評価されるというプレッシャーのかけようです。

その結果、知的レベルの高い人ほど問題

を解くことができなくなったのです。頭のいい人というのは、自分の能力が高いという自覚があります。

ある程度の結果を出そうと自分の中にハードルを設けてしまい、結局さらなるプレッシャーを自分に与えてしまうことで、問題解決能力の低下につながってしまったわけです。

さて、今度は仕事を与える側、つまり上司の方の立場に立って考えてみましょう。せっかく有能な部下を持っていても、プレッシャーの与えすぎでつぶしてしまってはかわいそうです。

かといって、誰にでもできる簡単な仕事ばかり任せていてももったいない。プレッシャーに弱いということは、彼が優秀であることの証明にほかならないのです。

大きな仕事を与えつつも、「ミスをした場合は、自分がフォローする」としっかりメッセージを伝え、プレッシャーを軽減してあげることが重要となってくるでしょう。

アドバイス

プレッシャーに弱いのは、頭がいい証拠です

参考文献

『シロクマのことだけは考えるな！　人生が急にオモシロくなる心理術』
著／植木理恵（マガジンハウス）
『フシギなくらい見えてくる！　本当にわかる心理学』著／植木理恵（日本実業出版社）
『短期間で組織が変わる　行動科学マネジメント』著／石田淳（ダイヤモンド社）
『行動分析学入門―ヒトの行動の思いがけない理由』著／杉山尚子（集英社）
『ウソつきは成功のはじまり　他人をだますならまず自分をだませ』
著／内藤誼人（徳間書店）
『「心理戦」で絶対に負けない本　敵を見抜く・引き込む・操るテクニック』
著／伊東明、内藤誼人（アスペクト）
『男と女の心理戦術　オトコの本音が嘘みたいにわかる恋愛テクニック』
著／内藤誼人（廣済堂出版）
『表情分析入門―表情に隠された意味をさぐる』
著／P・エクマン・W・V・フリーセン、編訳／工藤力（誠信書房）
『FBI捜査官が教える「しぐさ」の心理学』
著／ジョー・ナヴァロ、マーヴィン・カーリンズ、訳／西田美緒子（河出書房新社）
『会話分析への招待』編／好井裕明、山田富秋、西阪仰（世界思想社）

『嘘とだましの心理学―戦略的なだましからあたたかい嘘まで』編／箱田裕司、仁平義明（有斐閣）
『ひそかに人を見抜く技法～気弱なあなたの読心術～』著／内藤誼人（大和書房）
『非言語行動の心理学―対人関係とコミュニケーション理解のために』著／V・P・リッチモンド、J・C・マクロスキー、編訳／山下耕二（北大路書房）
『人の心は９割読める』著／内藤誼人（あさ出版）
『図解雑学　見た目でわかる外見心理学』著／齊藤勇（ナツメ社）
『図解雑学　社会心理学』著／井上隆二、山下富美代（ナツメ社）
『行動科学で人生を変える』著／石田淳（フォレスト出版）
『おかあさん☆おとうさんのための行動科学』著／石田淳（フォレスト出版）
『非言語的パフォーマンス―人間関係をつくる表情・しぐさ』著／佐藤綾子（東信堂）
『心理学の新しいかたち第８巻　社会心理学の新しいかたち』編著／竹村和久（誠信書房）
『セレクション社会心理学―14しぐさのコミュニケーション―人は親しみをどう伝えあうか―』著／大坊郁夫（サイエンス社）
『イラスト図解版　相手のココロはしぐさで読める』著／山辺徹（河出書房新社）

植木理恵（うえきりえ）

1975年生まれ。心理学者、臨床心理士。お茶の水女子大学卒。東京大学大学院教育学研究科修了後、文部科学省特別研究員として心理学の実証的研究を行う。日本教育心理学会において最難関の「城戸奨励賞」「優秀論文賞」を史上最年少で連続受賞し、現在、東京都の総合病院心療内科でカウンセリング、慶應義塾大学理工学部教職課程で講師をつとめる。著書に『「ぷち依存」生活のすすめ』(PHP研究所)、『人を見る目がない人』(講談社)、『シロクマのことだけは考えるな！ 人生が急にオモシロくなる心理術』(マガジンハウス)、『フシギなくらい見えてくる！ 本当にわかる心理学』(日本実業出版社)、『小学生が「うつ」で自殺している～臨床現場からの緊急報告～』(扶桑社新書)、『好かれる技術　心理学が教える2分の法則』(新潮文庫) など。

編集協力：坂尾昌昭、山田容子（株式会社G.B.）
本文協力：OfficeTi+（糸数康文、鼠入昌史、森石豊）、澤井一、菅野秀晃、野村郁朋
表紙・本文デザイン：後藤修、酒井由加里（G.B. Design House）
イラスト：秋葉あきこ（表紙+CHAPTER 1・2+お悩み相談室）、西脇けい子（CHAPTER 3）
撮影：宗野歩

宝島SUGOI文庫

他人の心がカンタンにわかる！
植木理恵の行動心理学入門
（たにんのこころがかんたんにわかる！ うえきりえのこうどうしんりがくにゅうもん）

2012年 1 月27日　第1刷発行
2014年 3 月15日　第5刷発行

監　修　植木理恵
発行人　蓮見清一
発行所　株式会社宝島社
〒102-8388　東京都千代田区一番町25番地
電話：営業 03(3234)4621 ／編集 03(3239)0069
http://tkj.jp
振替：00170-1-170829（株）宝島社

印刷・製本　株式会社廣済堂

First published 2011 by Takarajimasha,Inc.
ISBN 978-4-7966-8928-1